Inhalt

Die Schuldenfalle
Die eigenen Finanzen erfolgreich verwalten - Bestell-Nr. 11 155
KOHL VERLAG Der Verlag mit dem Baum
www.kohlverlag.de

Vorwort

Liebe Kolleginnen, liebe Kollegen!

„Über Geld spricht man nicht!“

Dieser Satz wird den meisten bekannt vorkommen, wenn man an „früher“ denkt. In unserer heutigen Gesellschaft wird in wenigen Familien überhaupt noch kommuniziert – und wenn, dann nicht über Geld. Aufgrund der heutigen „me-too“-Gesellschaft geben Schüler[1] und Auszubildende sehr viel Geld für Dinge aus, die morgen schon wieder „out“ sein können. Dabei ist der Überblick über die Ausgaben selten vorhanden.

An dieser Stelle setzt dieser Band an. Die Kopiervorlagen, Aufgabenstellungen, Anregungen zur Diskussion und Selbstreflexion informieren und fordern die Schüler zum kritischen Nachdenken über ihre Situation auf.

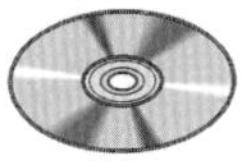

Die mit dem CD-Symbol versehenen Texte sind auf der CD abgelegt und werden je nach Bedarf als Hörtext den Schülern und Jugendlichen präsentiert. So kann man sich die Kopien der Texte sparen und hat einen angenehmen methodischen Input. Der individuelle Einsatz von CD oder Kopiervorlagen ist Ihnen überlassen, denn Umsetzungsmöglichkeiten bieten sich viele an. Vom täglichen Unterrichtseinsatz über Kleingruppenarbeit, Einzelarbeit bis zur Lerntheke kommen CD und passende Aufgaben zum Einsatz.

Die Schüler erarbeiten sich ein komplettes Portfolio über ihre individuellen finanziellen Möglichkeiten und deren Grenzen.

Viel Freude und Erfolg beim Einsatz der vorliegenden Kopiervorlagen wünschen der Kohl-Verlag und

Peter Botschen & Jo van Bosch

Liebe Schülerinnen und Schüler,

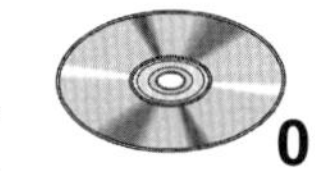

01

ihr denkt so langsam an den Schulabschluss, habt schon euer erstes Geld eingenommen ... und stellt euch einfach vor und träumt davon, wie wunderbar es weitergehen wird. Es wird weitergehen ... hoffentlich so, wie ihr es euch wünscht!

Wir wollen euch mit diesen Materialien und Anregungen unterstützen, dass es tatsächlich gut weitergeht - und ihr euch nicht Situationen wie z.B. Schuldenfalle, Kostenfragen, Sucht ... stellen müsst. Informationen, Diskussionen untereinander, eigene Überlegungen, Aufgaben, Planungen ... werden euch ein praktisch orientiertes Basiswissen zur Finanzwelt liefern.

- Wovon ich träume!
- Thema „Schuldenfalle“
- Die Bedürfnispyramide
- Mein Geld
- Taschengeld und Nebenjobs
- Meine Ausgaben
- Brutto und Netto
- Der Kredit
- Sparen
- Sparen und Kreditaufnahme
- Das eigene Girokonto
- Online-Shopping
- Das erste Mokick
- Der Urlaub
- Versicherungen und mehr
- Wohnen
- Kostenfalle Handy
- Thema „Sucht“
- Schulden

Ziel ist es, dass ihr neue Lebenssituationen realistisch einschätzt, die vielen und verlockenden Möglichkeiten sinnvoll umsetzt und den für euch richtigen Weg findet.

Mit den Lehrern und Schülern sind selbstverständlich grundsätzlich auch Lehrerinnen und Schülerinnen gemeint.

Ratgeber

P. Botschen & J. van Bosch

Die Schuldenfalle

Die eigenen Finanzen erfolgreich verwalten

Kopiervorlagen, Audio-CD

Lernen mit Erfolg
KOHL VERLAG
Der Verlag mit dem Baum
www.kohlverlag.de

Die Schuldenfalle

1. Auflage 2012

Inhalt: Peter Botschen & Jo van Bosch
Sprecher CD: Jo van Bosch, Claus Müller, Ulrike Stolz, Jennifer Karl & L.S. Kohl
Redaktion: Kohl-Verlag
Grafik & Satz: Kohl-Verlag
Druck: Medienzentrum Süd, Köln

Bestell-Nr. 11 155

ISBN: 978-3-86632-387-2

1 Wovon ich träume!

<u>Aufgabe 1</u>: *Auf jedem der sieben Tische im Raum siehst du einen großen Bogen Papier mit einem Begriff von „Träumen“ aus deinem zukünftigen Leben.*

Wohnen ⇨ **Familie** ⇨ **Beruf** ⇨ **Urlaub** ⇨ **Hobby & Freizeit** ⇨ **Reichtum** ⇨ **Selbstverwirklichung** ⇨ **Wohnen**

Bildet 7 kleine Gruppen und geht zu einem Tisch. Jeder schreibt zu dem genannten Aspekt unabhängig von den anderen Gruppenmitgliedern eigene Träume und Ideen, die euch zu dem Begriff einfallen. Nach 4 Minuten wechselt dann jede Gruppe zum nächsten Tisch. Nach dem letzten Wechsel ist jede Gruppe wieder an „ihrem“ Papier angekommen. Jetzt lesen alle die Kommentare auf ihrem Papier gemeinsam durch und ordnen sie nach eigenen Gesichtspunkten. Die Träume werden zusammengefasst und in der Klasse vorgestellt.

Anschließend erfolgt ein Austausch über die Ergebnisse.

02

Träume und Wünsche sind angenehm und wunderbar, nur – wie erreicht man sie? Wie bekomme ich das viele Geld zusammen, um mir irgendwann ein neues Fahrrad, einen Fernseher, einen Urlaub, ein Auto ... leisten zu können? Wie gehe ich am besten vor, um meinen Traum auch zu erreichen? Kann ich es überhaupt schaffen?

Das sind alles Fragen, auf die es im Prinzip konkrete Antworten geben kann – du musst es für dich nur wollen und eine knallharte Einschätzung deiner Situation erstellen.

Aufgabe 2: *Lies noch einmal die Ergebnisse und den Text durch. Notiere dann auf einem Papier, was für dich ...*

- *sehr wichtig*
- *wichtig*
- *nicht so wichtig*
- *unwichtig*

... ist. Übertrage jetzt deine Überlegungen mit einem Filzmarker auf die bereitgelegten farbigen Karten. Schreibe auf die gelben Karten deine sehr wichtigen Vorstellungen, auf die hellblauen die wichtigen, auf die hellgrünen die wenig wichtigen und auf die orangefarbenen die unwichtigen Wünsche.

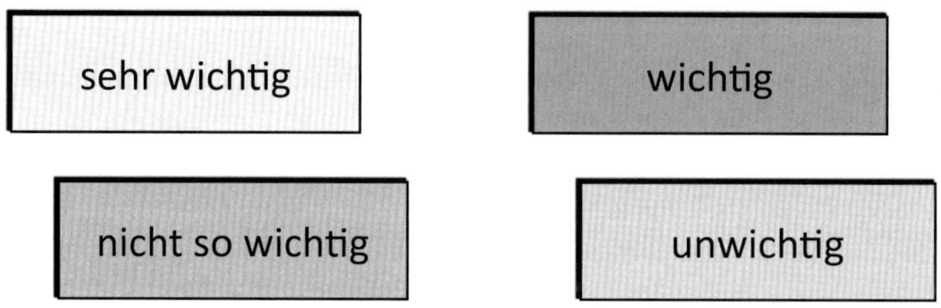

Hängt jetzt eure Karten an die entsprechend eingeteilte Stellwand und besprecht eure Ergebnisse.

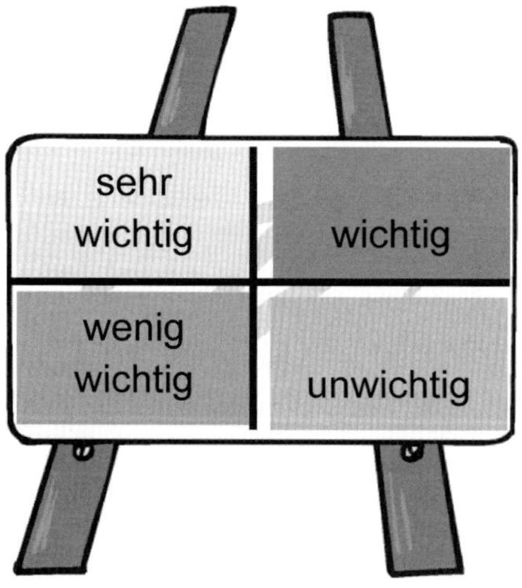

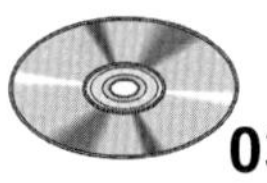
03

Wenn man jung ist, hat man konkrete Pläne, was man im Leben erreichen will. Alles liegt noch ganz weit weg in der fernen Zukunft. Kaum vorstellbar, dass man eines Tages so alt sein wird wie die eigenen Eltern ...

Doch was wäre, wenn wir in die Zukunft blicken könnten? Wie würden wir uns unser eigenes Leben vorstellen?

Die Schuldenfalle
Die eigenen Finanzen erfolgreich verwalten - Bestell-Nr. 11 155
KOHL VERLAG Der Verlag mit dem Baum
www.kohlverlag.de

1 Wovon ich träume!

Aufgabe 3: *Trage deine Träume, Wünsche und Fantasien ein.*

	Beruf	Partnerschaft	Wohnung
So möchte ich leben, wenn ich ***18 Jahre*** alt bin.			
So möchte ich leben, wenn ich ***21 Jahre*** alt bin.			
So möchte ich leben, wenn ich ***25 Jahre*** alt bin.			
So möchte ich leben, wenn ich ***30 Jahre*** alt bin.			
So möchte ich leben, wenn ich ***45 Jahre*** alt bin.			
So möchte ich leben, wenn ich ***65 Jahre*** alt bin.			
So möchte ich leben, wenn ich ___ Jahre alt bin.			

KOHL VERLAG Der Verlag mit dem Baum www.kohlverlag.de
Die Schuldenfalle
Die eigenen Finanzen erfolgreich verwalten - Bestell-Nr. 11 155

2 „Schuldenfalle“ – Was ist das?

Schulden – Das ist der umgangssprachliche Begriff für Verbindlichkeiten. Damit sind Rückzahlungsverpflichtungen gegenüber Personen gemeint, die bereits eine Gegenleistung erbracht haben. Schulden können zu einer Schuldenlast, einem Schuldenberg und schließlich zu einer unkontrollierbaren Schuldenfalle anwachsen. Der Gegenbegriff von Schulden ist Vermögen.

Die folgende Aufzählung fasst die häufigsten Gründe für Verschuldung zusammen.

04

Darum verschulden sich Männer *(gestaffelt nach der Häufigkeit)*:

1. Arbeitslosigkeit
2. Überblick über die Finanzen verloren
3. Scheidung
4. gescheiterte Selbstständigkeit
5. mangelnde Erfahrung mit Banken
6. Einkommensrückgang
7. zu viel gekauft
8. mangelnde Erfahrung mit Geld
9. dauerhaftes Niedrigeinkommen
10. psychische Probleme

Darum verschulden sich Frauen *(gestaffelt nach der Häufigkeit)*:

1. Arbeitslosigkeit
2. Scheidung
3. Überblick über die Finanzen verloren
4. Familienprobleme
5. zu viel gekauft
6. gescheiterte Selbstständigkeit
7. mangelnde Erfahrung mit Banken
8. dauerhaftes Niedrigeinkommen
9. Einkommensrückgang und Mithaftung
10. Bürgschaft und Verschuldung

Wo kann man am effektivsten Geld sparen?

- den Stromanbieter wechseln
- den Gasanbieter wechseln
- beim DSL- und Telefonanschluss genau vergleichen
- beim Handyvertrag genau vergleichen (eventuell ein Prepaid-Handy nehmen)
- Versicherungen vergleichen (darauf achten, dass alle Leistungen vorhanden sind)
- Lebensmittelpreise vergleichen
- Benzinpreise genau beobachten
- „Luxusanschaffungen“ gut überlegen

Quelle: www.schuldenabc.de

2 „Schuldenfalle“ – Was ist das?

05

Insolvenz *(lateinisch insolvens, von solvere = ‚zahlen‘)* bezeichnet die Situation eines Schuldners, der seinen Zahlungsverpflichtungen nicht mehr nachkommen kann. Es liegt eine akute Zahlungsunfähigkeit, drohende Zahlungsunfähigkeit oder Überschuldung vor. In der Umgangssprache wird häufig der Begriff Konkurs verwendet.

Die Privatinsolvenz

06

Das neue Insolvenzrecht bietet seit Januar 1999 einen Weg aus der Schuldenspirale. Mit diesem Insolvenzrecht können auch Privatleute Konkurs anmelden. Man spricht dann von einer ***Privatinsolvenz***.

Die Auflagen für eine Privatinsolvenz sind zwar streng, jedoch kann man innerhalb von sieben Jahren schuldenfrei sein. In der Praxis ist das neue Gesetz durch die langwierigen Verfahren und die bürokratischen Hürden jedoch oft wirkungslos.

Wenn man eine Privatinsolvenz beantragt, sollte man sich auf alle Fälle beraten lassen, jedoch sind die Beratungsstellen von Arbeiterwohlfahrt, Caritas, Diakonie, dem Roten Kreuz, Städten und Landkreisen permanent überlastet und leiden unter starken Personalengpässen.

Diese Arten von Schulden gibt es:

07

- ⇨ **Primärschulden:** Unter *Primärschulden* versteht man die Art von Schulden, die die Existenzgrundlage des Schuldners und seiner Haushaltsangehörigen unmittelbar gefährden. Hierzu zählen z.B. *Mietschulden* und *Energieschulden*.

- ⇨ **Baufinanzierungsschulden:** Unter Baufinanzierungsschulden versteht man die Art von Schulden, die man gemacht hat, um ein Haus bauen zu können.

- ⇨ **Spielschulden:** Viele Menschen sind spielsüchtig und machen Schulden, um ihre Spielsucht zu finanzieren. Oft verschulden sich diese Menschen in enormem Maße. Sie leihen sich Geld, können dies aber nicht wieder zurückzahlen. Dadurch steigen die Schulden weiter und weiter. Um ihre Sucht weiter finanzieren zu können, können Spielsüchtige z.B. kriminell werden, wodurch auch noch Gesetzesbrüche zu den Spielschulden hinzukommen.

- ⇨ **Unterhaltsschulden:** Möglicherweise besteht eine Unterhaltspflicht gegenüber Kindern oder ehemaligen Ehepartnern. Können diese Forderungen nicht beglichen werden, spricht man von *Unterhaltsschulden*.

- ⇨ **Eheschulden:** Die Schulden eines Ehepartners sind nicht automatisch die Schulden des anderen Partners. Schulden, die ein Partner bereits vor der Ehe hatte, werden durch die Heirat nicht automatisch zu *Eheschulden*, also gemeinsamen Schulden. Will also jemand von seinem Ehepartner Geld, ist zu überprüfen, ob dieser überhaupt verpflichtet ist, zu zahlen. Nur wenn die Partner gemeinsam einen Vertrag eingegangen sind, sind beide als sogenannte Gesamtschuldner zur Zahlung verpflichtet. Dies gilt auch dann, wenn Partner intern eine Regelung getroffen haben, dass nicht der eine sondern nur der andere zahlen soll.

Die Schuldenfalle
Die eigenen Finanzen erfolgreich verwalten - Bestell-Nr. 11 155
KOHL VERLAG Der Verlag mit dem Baum
www.kohlverlag.de

08

Häufige Schuldenfallen

Bei Jugendlichen ist der Handyvertrag die Nummer 1 bei den Schuldenursachen, dicht gefolgt von mehreren Ratenverträgen. Zu verführerisch sind die Angebote von Versandhäusern und Geschäften, die mit günstigen Ratenverträgen potentielle Kunden locken. Da junge Menschen meist gutgläubig und voller Hoffnung sind, häufen sie in ihrer Unwissenheit schnell einen gewaltigen Schuldenberg an.

Junge Familien geben als Grund für die Verschuldung Familienzuwachs oder die Unfähigkeit zur Haushaltsführung an. Ein neues Leben ist eigentlich ein Grund zur Freude, doch oft unterschätzen junge Familien die finanzielle Belastung, die nun entsteht. Kindergeld und Elterngeld helfen nur im ersten Jahr. Ab dem 13. Lebensmonat fällt das Elterngeld weg und ein Krippenplatz kostet auch Geld. Man muss sich bemühen, einen passenden Platz in nicht zu großer Entfernung zur Wohn- und Arbeitsstätte zu finden. Ohne frühzeitig zu planen, passiert es nicht selten, dass junge Familien in Hartz IV abrutschen. Da Schulden bei der Hartz-IV-Berechnung nicht einbezogen werden und der Regelsatz nur das Notwendigste der Lebensführung abdeckt, schnappt auch hier die Schuldenfalle zu.

Es kommen häufig mehrere Gründe zusammen oder ein Umstand ergibt den nächsten und schnell ist ein Schuldenberg angewachsen, den man ohne Hilfe kaum überblicken kann. Das Wichtigste ist in solchen Situationen, dass die Lage schnell erfasst und gehandelt wird.

Schuldnerberatungsstellen – bevor es zu spät ist

Sobald erkannt wurde, dass jemand ein Problem mit seinen Schulden hat, sollte eine Schuldnerberatung aufgesucht werden. Die Schulden dürfen nicht ignoriert werden, denn dadurch wachsen die Schulden nur an und aus einer einfachen Verschuldung wird eine tiefe Schuldenspirale.

Aufgabe 1: *Erstelle auf einem Papier eine Mind-Map nach dem folgenden Muster und ergänze sie.*

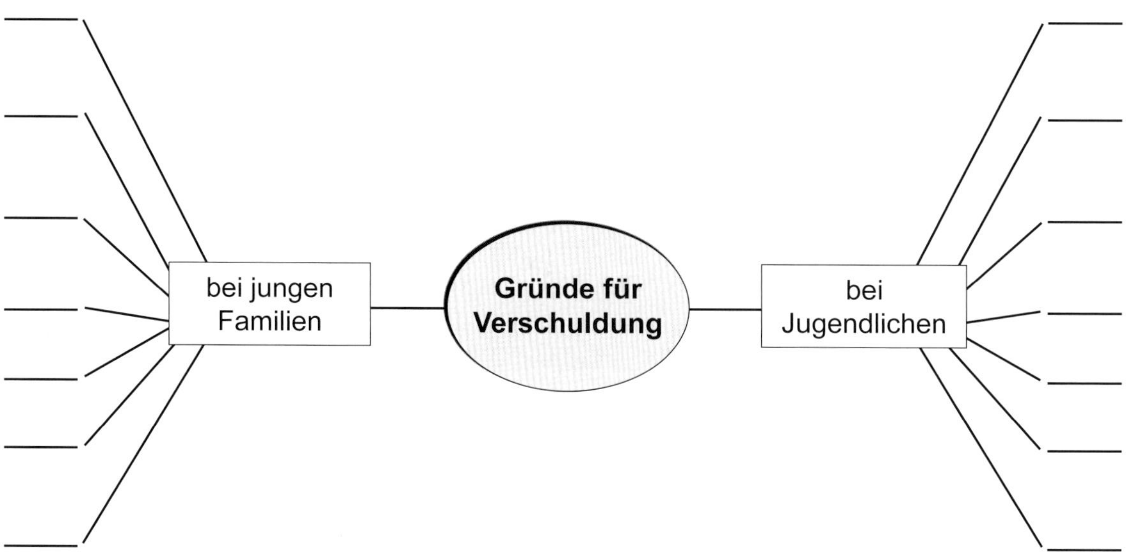

3 Die Bedürfnispyramide

09

Der amerikanische Psychloge Abraham Maslow hat sich vor ca. 50 Jahren mit den Bedürfnissen der Menschen beschäftigt.

Nach seiner Theorie nimmt die erste Stufe die „Befriedigung der körperlichen Grundbedürfnisse“ ein. Dazu gehören z.B. Nahrung, Schlaf, Unterkunft u.ä.. Als zweite Stufe folgt das „Bedürfnis nach Sicherheit“. Es schließt sich das „Bedürfnis nach sozialen Beziehungen“ an, gefolgt von der Stufe der „sozialen Anerkennung“. Die kleinste Stufe bildet das Bedürfnis nach „Selbstverwirklichung“.

Aufgabe 1: *Trage die folgenden Begriffe in die Bedürfnispyramide ihrer Stufe entsprechend ein.*

Körperliche Grundbedürfnisse
Selbstverwirklichung
Sicherheit
Soziale Anerkennung
Soziale Beziehungen

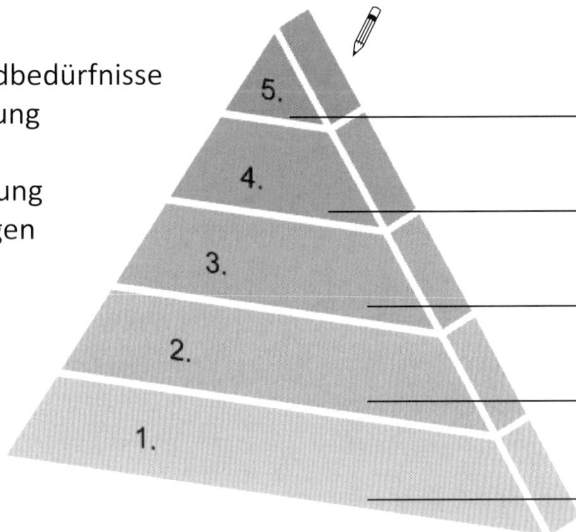

Aufgabe 2: *Suche im Buchstabenrechteck die zehn Wörter heraus, die Bedürfnisse beschreiben (waagerecht und senkrecht). Ordne sie den genannten Stufen zu. Die Striche weisen auf die Anzahl der Buchstaben hin.*

Selbstverwirklichung, z.B. Talententfaltung,
_ _ _ _ _ _ _ _ _ _ _ _ _ Ä _ , _ U _ _ _

Soziale Anerkennung, z.B. Karriere,
_ _ C _ _ , _ _ _ Z _ _ _ _ _ _ _ _ _

Soziale Beziehungen, z.B. Freundschaft,
_ _ E _ _ , _ Ü _ _ _ _ _ _

Sicherheit, z.B. Versicherungen,
_ _ S _ _ _ _ , _ _ _ N _ _ _

Körperliche Grundbedürfnisse, z.B. Essen,
_ Ä _ _ _ , _ _ H _ _ _

W	R	S	C	H	L	A	F
J	L	I	E	B	E	I	M
J	A	A	B	I	K	N	A
K	U	N	U	G	G	D	C
P	S	C	N	E	H	I	H
S	Z	T	O	S	O	V	T
F	E	I	D	E	E	I	V
Ü	I	K	P	T	D	D	W
R	C	K	L	Z	T	U	O
S	H	U	A	E	B	A	R
O	N	N	S	G	R	L	D
R	U	S	R	V	I	I	N
G	N	T	E	I	P	T	U
E	G	G	V	K	S	Ä	N
H	W	Ä	R	M	E	T	G

Die Schuldenfalle
Die eigenen Finanzen erfolgreich verwalten - Bestell-Nr. 11 155
KOHL VERLAG Der Verlag mit dem Baum
www.kohlverlag.de

4 Mein Geld

10

Jeder von euch hat sicherlich einen Wunsch, der vielleicht noch in weiter Ferne liegt. Du hast nicht genug Geld, um dir diesen Wunsch jetzt zu erfüllen.

Menschen, die viel Geld besitzen, besitzen dieses Geld, weil sie es gespart haben. Sie haben es clever auf die Seite gelegt und tun das häufig bei einer Bank mit einem hohen Zinssatz.

Ein Zinssatz ist ein Prozentanteil, den man von der Bank bekommt. Die Bank arbeitet mit dem Geld, welches man angelegt hat.

Ein altes Sprichwort sagt: „Haben kommt von halten." Nur wenn man etwas sammelt, kann man es besitzen und wenn man alles ausgibt, hat man nichts mehr. Eigentlich ganz logisch – nur die meisten halten sich nicht daran und wundern sich, warum sie schon wieder *„blank"* sind.

Bedenke: Egal, wie viel man verdient oder als Taschengeld bekommt, Träume und Wünsche kann man sich erfüllen. Hierbei kommt es auf eine durchdachte Planung und realistische Wünsche an. Zuerst ist es wichtig, dass du dir einen Überblick verschaffst, wie viel Geld du im Jahr erhältst.

Aufgabe 1: **a)** *Übertrage die Tabelle und vervollständige sie.*

Geldquelle	Höhe der Summe in €	Anzahl der Zahlungen
Summe der Einnahmen:		

b) *Glaubst du, dass dein Taschengeld/dein Verdienst angemessen ist?*

☐ **Ja** ☐ **Nein**

Die Schuldenfalle
Die eigenen Finanzen erfolgreich verwalten - Bestell-Nr. 11 155
KOHL VERLAG Der Verlag mit dem Baum
www.kohlverlag.de

5 Taschengeld und Nebenjobs

Taschengeld

11

Taschengeld ist eine schöne Sache ... . Die meisten Eltern zahlen ihren Kindern wöchentlich oder monatlich ein Taschengeld aus. Andere Eltern zahlen das Taschengeld auf ein Konto ein.

Die Höhe des Taschengeldes ist sehr verschieden und unterliegt der individuellen Einschätzung der Eltern. Sie alleine können entscheiden, wie viel Geld sie ihrem Kind zur Verfügung stellen möchten.

Übrigens: Eltern sind gesetzlich *nicht* dazu verpflichtet, Taschengeldzahlungen zu leisten! Der sogenannte „Taschengeldparagraph" (§ 110 BGB) bezieht sich ausschließlich auf die Geschäftsfähigkeit und auf den Kauf von Kleingütern. Der Paragraph sagt nur aus, dass Kinder sich etwas von ihrem Taschengeld kaufen dürfen, ohne dafür die Zustimmung von Erziehungsberechtigten einholen zu müssen. Mit diesem Paragraphen werden die Eltern aber nicht zur Zahlung von Taschengeld verpflichtet. Der Staat jedoch hält es für wünschenswert, wenn Eltern Taschengeld an ihre Kinder zahlen.

Aufgabe 1: Taschengelddiskussion

Führt eine Diskussion über das Thema Taschengeld nach der Methode „Fishbowl". Bildet im Klassenraum einen inneren Stuhlkreis, um den mit weiteren Stühlen in Kreis- oder Hufeisenform ein äußerer Rahmen erstellt wird. Im inneren Kreis befinden sich vier bis sechs Stühle und im äußeren Rahmen Stühle für die restlichen Teilnehmer und Teilnehmerinnen (TN). Der innere Kreis wird von einem Moderator (in der Regel die Lehrperson) und Diskussionsteilnehmern gebildet, mindestens ein Stuhl bleibt frei.

Es ergibt sich folgender Ablauf:

a) Die TN im inneren Kreis diskutieren, die TN im Außenkreis hören zu.

b) Will ein TN aus dem Außenkreis in die Diskussion einsteigen, setzt er sich auf den freien Stuhl oder – wenn besetzt – stellt sich hinter einen Stuhl. Er nimmt diesen Platz ein, wenn die Person zu Ende gesprochen und den Kreis verlassen hat.

c) Möchte ein TN aus dem Innenkreis eine Pause machen, kann er jederzeit in den Außenkreis wechseln – und natürlich auch zurückkehren.

5 Taschengeld und Nebenjobs

Jeder sieht die Taschengeldfrage anders ... bestimmt seid ihr deshalb mehr oder weniger erstaunt über die empfohlenen Summen je Alter. Diese Orientierungssätze werden als Durchschnitt zur Demografie (Bevölkerung) und den Ladenpreisen erstellt.

Aufgabe 2: *Lies die folgenden Tabellen, die eine Orientierungshilfe zum Thema Taschengeld geben (die Empfehlungen stammen u.a. von der Berliner Sparkasse).*

Wöchentliches Taschengeld (bis 9 Jahre):

Alter	Minimum	Maximum
unter 6 Jahren	–	0,50 €
6-7 Jahre	1,50 €	2,00 €
8-9 Jahre	2,00 €	3,00 €

Weil Kinder bis zum zehnten Lebensjahr selten einen ganzen Monat finanziell planen können, ist zunächst eine wöchentliche Auszahlung sinnvoll. Später sollten Kinder dann auch längere Perioden finanziell überschauen lernen.

Monatliches Taschengeld (10-15 Jahre):

Alter	Minimum	Maximum
10-11 Jahre	12,00 €	16,00 €
12-13 Jahre	20,00 €	22,00 €
14-15 Jahre	25,00 €	30,00 €

Monatliches Taschengeld für Jugendliche über 16 Jahre, die weiter zur Schule gehen oder arbeitslos sind:

Alter	Minimum	Maximum
16 Jahre	35,00 €	40,00 €
17 Jahre	40,00 €	50,00 €
18 Jahre	60,00 €	70,00 €

Die Schuldenfalle
Die eigenen Finanzen erfolgreich verwalten - Bestell-Nr. 11 155
KOHL VERLAG
Der Verlag mit dem Baum
www.kohlverlag.de

Aufgabe 3: *Was würdest du dir selber an Taschengeld in welcher Altersstufe bezahlen wollen? Fülle die Tabelle aus. Bedenke dabei, dass deine Eltern nur begrenzte Mittel haben und vermutlich keine Millionäre sind.*

Alter	Betrag
unter 6 Jahren	
6-7 Jahre	
8-9 Jahre	
10 Jahre	
11 Jahre	
12 Jahre	
13 Jahre	
14 Jahre	
15 Jahre	
16 Jahre	
17 Jahre	
18 Jahre	

Aufgabe 4: *Berechne die Differenz oder das Plus zwischen der Empfehlung und deiner realistischen Zahlung.*

KOHL VERLAG Der Verlag mit dem Baum
www.kohlverlag.de
Die Schuldenfalle
Die eigenen Finanzen erfolgreich verwalten - Bestell-Nr. 11 155

Nebenjobs

12

Nebenjobs und das Jugendschutzgesetz

Das Jugendschutzgesetz regelt die auf das Alter bezogenen Arbeitszeiten für Jugendliche. Obwohl Jugendliche unter 15 Jahren nicht arbeiten dürfen, gibt es doch einige Ausnahmemöglichkeiten. Mit Zustimmung der Eltern dürfen Kinder ab 13 Jahren leichte und für dieses Alter geeignete Tätigkeiten annehmen. Sie dürfen z.B. nach der Schule und vor 18 Uhr Zeitungen austragen oder bis zu zwei Stunden am Tag Nachhilfe geben.

Zwischen 15 und 18 Jahren darf während der Ferien zusätzlich ein Job bis zu 4 Wochen ausgeübt werden.

Aufgabe 5: *Welche Ideen für einen Nebenjob hast du? Ergänze, wenn du schon einen Nebenjob ausübst.*

Art der Tätigkeit	Mögliche Stundenzahl	Möglicher Verdienst in Euro

Aufgabe 6: *Beantworte die folgenden Fragen zu deinem Nebenjob/deinem „Wunschnebenjob".*

a) Weshalb möchte ich arbeiten?

b) Welche Arbeitszeiten sind für mich erlaubt?

c) Welche Arbeitszeiten kann ich einhalten?

d) Wann kann ich meine Hausaufgaben machen?

e) Habe ich die Finanzierung einer größeren Anschaffung im Kopf?

Die Schuldenfalle
Die eigenen Finanzen erfolgreich verwalten - Bestell-Nr. 11 155
KOHL VERLAG Der Verlag mit dem Baum
www.kohlverlag.de

6 Ausgaben

13

18,9 Milliarden Euro haben Kinder und Jugendliche zwischen sechs und 19 Jahren im Jahr 2010 in Deutschland ausgegeben. Das hat eine aktuelle Hochrechnung vom Marktforschungsinstitut „Iconkids & Youth“, die im Rahmen der Studie „Trend Tracking Kids“ stattfand, ergeben. Die folgende Auflistung gibt Auskunft, wofür die hier genannten Altersgruppen das Geld ausgegeben haben.

Ausgaben von Jugendlichen zwischen 14 und 15 Jahren

Bereich	**Ausgaben in Mio.**
Bekleidung, Mode, Schmuck	435
Handygebühren	205
Imbissbuden oder McDonald's, Burger King, Subway, etc.	160
Zeitschriften, Bücher, Comics	135
Weggehen, Essengehen, z.B. Disco, Kneipe	129
Eintrittskarten, z.B. für Kino, Konzerte, Sportveranstaltungen	126
Süßigkeiten, Eis	117
Getränke	117
Musik-CDs, -kassetten, Hörspiel-CDs, -kassetten	101
Körperpflege, Haarpflege, Kosmetik, Friseur, Solarium	91

Ausgaben von Jugendlichen zwischen 16 und 17 Jahren

Bereich	**Ausgaben in Mio.**
Bekleidung, Mode, Schmuck	1024
Weggehen, Essengehen, z.B. Disco, Kneipe	716
Handygebühren	479
Eintrittskarten, z.B. für Kino, Konzerte, Sportveranstaltungen	284
Körperpflege, Haarpflege, Kosmetik, Friseur, Solarium	274
Getränke	264
Imbissbuden oder McDonald's, Burger King, Subway, etc.	240
Computer(software), Videogames, Internet	178
Zeitschriften, Bücher, Comics	129
Süßigkeiten, Eis	122

Aufgabe 1: *Wofür gibst du dein Geld aus? Erstelle eine Rangliste.*

Die Schuldenfalle
Die eigenen Finanzen erfolgreich verwalten - Bestell-Nr. 11 155
KOHL VERLAG Der Verlag mit dem Baum
www.kohlverlag.de

14

Deine Einnahmen und Ausgaben sind dir bekannt. Du kannst sie genau gegenüberstellen. Es ist enorm wichtig, dass du weißt, wofür du Geld benötigst. Zufallskäufe, Kaufrausch, Handytelefonate und SMS sowie Spiele und andere „Gimmicks“ ... fürs Handy sind oftmals wahre Geldfresser. Gerade beim Handy kommt noch eine ganz besondere Gefahr hinzu, denn oft sind die Kosten sogenannte versteckte Kosten, die du nicht im ersten Moment entdeckst. Du bekommst z.B. eine Leistung, ohne deine Geldbörse dafür öffnen zu müssen. Die Bezahlung läuft verdeckt, indem das Geld von der Prepaidkarte abgebucht wird oder erst am Ende des Monats auf der Handyrechnung auftaucht.

Ebenso können auch unkontrollierte Käufe im Internet gefährlich werden. Oft bekommst du eine Leistung, für die du die Rechnung aber erst Wochen später erhältst.

Aufgabe 2: **a)** *Bei der nächsten Aufgabe sollst du einmal über eine Woche aufschreiben, was du täglich für deine Bedürfnisse ausgibst. Benutze für jeden Tag eine neue Reihe. Auf dem nächsten Arbeitsblatt findest du ein paar Anregungen. Wenn du für eine Angabe kein Geld ausgibst, dann machst du in das Kästchen einen Strich.*

Zähle am Ende des Tages die Gesamtausgaben zusammen und trage sie in das letzte Kästchen der jeweiligen Zeile ein. Sei bei allen Angaben so genau wie möglich, denn viele Ausgaben sind einem gar nicht richtig bewusst. Schreibe beim Handy die Anzahl der SMS und die Minuten der abgehenden Telefongespräche auf. Danach rechnest du aus, was dies kostet. Im Internet findest du die Preise bei deinem Netzanbieter.

b) *Betrachte anschließend die Tabelle mit deinen Angaben ganz genau. Nimm nun einen Rotstift zur Hand und mache dir Gedanken, welche Beträge ganz und gar unnütz waren und wo du hättest richtig Geld sparen können. Markiere alle Beträge, die du nicht oder nur teilweise hättest ausgeben müssen.*

c) *Überlege dir im nächsten Schritt ganz genau, um wie viel Euro du die rot markierten Kästchen hättest senken können. Beispiel: Du hast 10,00 € für Telefonate und SMS an einem Tag ausgegeben und weißt, dass einige Telefonate nicht nötig gewesen wären. Du hast dieses Kästchen rot eingerahmt. Jetzt sagst du dir, dass nur 4,00 € zum Telefonieren nötig gewesen wären, also schreibst du den Differenzbetrag von 6,00 Euro mit dem Rotstift in das Feld.*

d) *Rechne nun im letzten Schritt alle Differenzbeträge zusammen und schreibe sie dort auf, wo noch Platz ist und rahme den Betrag dick ein.*

Die Schuldenfalle
Die eigenen Finanzen erfolgreich verwalten - Bestell-Nr. 11 155
KOHL VERLAG Der Verlag mit dem Baum
www.kohlverlag.de

6 Ausgaben

Computer	Essen und Trinken	Süßigkeiten	Geschenke	Handy	Sonstiges	Gesamte Tagesausgaben

Summe:

Aufgabe 3: *Um dir einige Dinge nochmals klarzumachen, folgen nun einige Impulsfragen. Bearbeite das Arbeitsblatt gewissenhaft und ehrlich.*

I. Wie viel Geld bleibt am Ende des Monats übrig? ______________ €

II. Falls Geld übrig bleibt: Was machst du mit dem Rest?

☐ **ausgeben** ☐ **sparen** ☐ **beides (halbe/halbe)**

III. Wohin fließt das ersparte Geld?

☐ **Sparbuch** ☐ **Girokonto** ☐ **Spardose** ☐ __________

IV. Wofür gibst du das übrige Geld aus?

____

____

V. Falls du Geld sparst, hast du dann ein bestimmtes Ziel vor Augen?

☐ **Ja** ☐ **Nein**

Wenn ja, welches?

____

VI. Glaubst du, dass du sparsam mit Geld umgehst?

☐ **Ja** ☐ **Nein**

Warum glaubst du das?

____

____

Die Schuldenfalle
Die eigenen Finanzen erfolgreich verwalten - Bestell-Nr. 11 155
KOHL VERLAG Der Verlag mit dem Baum
www.kohlverlag.de

Saskia und Laura in der Stadt

15

Saskia: Die Schuhe muss ich unbedingt haben, die sind total angesagt. Mal sehen, was mein Geldbeutel sagt.
Laura: Eva und Marie haben sie auch schon – oh, die sind aber ganz schön teuer!
Saskia: Ja, so ein Mist! Meine Handykarte ist fast leer. Und dann zicken meine Eltern ewig rum, weil so viel für's Handy draufgeht.
Laura: Wem sagst du das! Den Stress kenn' ich. Und ohne Handy bist du von der Welt abgeschnitten.
Saskia: Ich glaube, diese Superschuhe kann ich knicken – dann wäre ich nämlich pleite. Und die neuen Spiele aus dem Internet könnte ich auch vergessen. Das Taschengeld reicht hinten und vorne nicht.

Aufgabe 4: *Kennst du so eine oder eine ähnliche Situation? Notiere kurz und schreibe, wie du dich dann verhalten hast.*

Aufgabe 5: **a)** *Die Kinds-Verbraucher-Analyse 2003 hat den Kauf von Markenkleidung von 10- bis 19-Jährigen untersucht. Das Ergebnis sieht so aus:*

b) *Wenn du an dein tägliches Leben denkst, gibt es sicherlich Produkte, die dir besonders wichtig sind. Schreibe drei Marken/Produkte auf und sage, warum du diese so gerne magst.*

Die Schuldenfalle
Die eigenen Finanzen erfolgreich verwalten - Bestell-Nr. 11 155
KOHL VERLAG
www.kohlverlag.de

7 Brutto und Netto

16

Das italienische Wort ***Netto*** bedeutet übersetzt rein. In diesem Zusammenhang bedeutet Netto: Ohne Anteil des Gesamten, nämlich dem Brutto. Der zu kürzende Anteil kann sich zum Beispiel auf Steuern, Abgaben, Kosten-, Volumen- oder Gewichtsanteile beziehen. Die Differenz zwischen Brutto und Netto entsteht durch Steuern (Mehrwertsteuer) oder Rabatte. Ein einfacher Satz, der den Zusammenhang zwischen Netto und Brutto beschreibt, lautet: Netto ist ein Teil vom Brutto.

Ein Nettopreis ist der Preis ohne die oft noch hinzukommende Mehrwertsteuer oder Umsatzsteuer:

Nettopreis = Bruttopreis – Steuern.

Das Nettogehalt ist das Gehalt eines Arbeitnehmers, das nach Abzug von Steuern und Sozialabgaben übrig bleibt:

Nettolohn = Bruttolohn – Steuern – Sozialabgaben.

Netto ist das steuerbereinigte Ergebnis, während Brutto noch steuerbereinigt werden muss.

17

Christian Stricker und seine 16-jährigen Nichte Sara unterhalten sich. Herr Stricker ärgert sich, als er sich auf seinem Kontoauszug seine Gehaltsüberweisung anschaut.

Onkel: Warum bleibt mir immer so wenig? Von 3200 € bleiben gerade einmal 1880 € übrig.

Nichte: Also, Onkel Christian – brutto ist doch nicht gleich netto! Wir behandeln das gerade in der Schule. Ich will dir das einmal erklären.

Onkel: Na, da bin ich aber gespannt!

Nichte: Das Bruttogehalt ist das, was dir dein Arbeitgeber bezahlt. Zuerst einmal werden dir davon die Steuern abgezogen.

Onkel: Oh, meine Nichte kennt sich aus! Meinst du damit die Lohnsteuer?

Nichte: Ja, sicher. Die Lohnsteuer ist für den Staat z.B. zum Bauen von Straßen, Schulen und Kindergärten. Eine Sondersteuer ist der Solidaritätszuschlag für den Wiederaufbau ...

Onkel: ... der neuen Bundesländer. Und da ich ohne Konfession bin, entfällt für mich zumindest die Kirchensteuer.

Nichte: Aber du hast noch einige Pflichtversicherungen, für die du bezahlen musst. In die Rentenversicherung zahlst du für die Zeit nach deinem Berufsleben ein. Die Krankenversicherung brauchst du für die medizinische und ärztliche Versorgung.

7 Brutto und Netto

Onkel: Kennst du dich auch mit der Pflegeversicherung aus?

Nichte: Ja. Die tritt ein, wenn du vorübergehend oder dauerhaft ein Pflegefall bist. Und für den Fall, dass du deinen Job verlierst, gibt es die Arbeitslosenversicherung.

Onkel: Und dann wären da noch die ...

Nichte: ... Sozialversicherungsbeiträge, die dein Arbeitgeber jeden Monat zur Hälfte bezahlt. Beispiel: Wenn du 200 € bezahlst, bezahlt dein Arbeitgeber noch einmal 200 €. Und das ist sogar mehr als dein Bruttolohn ausmacht!

Onkel: Dass du dich damit so gut auskennst! Ich ärgere mich zwar immer noch ein wenig, aber ... auf dich bin ich stolz!

Aufgabe 1: **a)** *Suche dir einen Partner. Erstellt je eine Merkkarte für Christian Stricker und seine Nichte.*

b) *Spielt anschließend in einem Rollenspiel diese Szene.*

Aufgabe 2: *Hier siehst du die Gehaltsabrechnung von Christian Stricker: Er ist 30 Jahre alt, Angestellter in Baden-Württemberg, unverheiratet, ohne Kinder und ohne Konfession, sein monatliches Bruttogehalt beträgt 3200 Euro.*

Monatliches Bruttogehalt		**3200 €**
- Solidaritätszuschlag		35 €
- Kirchensteuer		0 €
- Lohnsteuer		590 €
Summe der Steuern Arbeitnehmer		**625 €**
- Rentenversicherung		328 €
- Arbeitslosenversicherung		57 €
- Krankenversicherung		269 €
- Pflegeversicherung		41 €
Summe der Sozialabgaben Arbeitnehmer		**695 €**
	Nettoeinkommen Arbeitnehmer	**1880 €**

a) Wie viel Prozent des Bruttogehaltes macht das Nettogehalt aus?

b) Welchen Betrag muss der Arbeitgeber im Monat für seinen Angestellten Christian ausgeben? Recherchiere im Internet.

Die Schuldenfalle
Die eigenen Finanzen erfolgreich verwalten - Bestell-Nr. 11 155
KOHL VERLAG Der Verlag mit dem Baum
www.kohlverlag.de

8 Der Kredit

18

Bei einem Kredit überlässt eine Bank (Bankkredit) oder eine Privatperson (Privatkredit) einem Kreditnehmer eine vereinbarte Geldsumme, die zu einem festgelegten Monats- oder Jahreszinssatz zurückgezahlt wird.

- Der Ratenkredit

19

Bei einem Ratenkredit mit Monatszinsen umfassen die Kreditkosten die Zinsen, die Bearbeitungsgebühren und unter Umständen die Kosten für eine Restkreditversicherung.

Beispiel:

Kontoauszug		
Annahmen	**1. Kredit**	**2. Kredit**
Kreditbetrag	15.000,00 Euro	15.000,00 Euro
Monatszinssatz	0,5 %	0,5 %
Bearbeitungsprovision	2 %	2 %
Laufzeit	24 Monate	60 Monate
Ergebnisse	**1. Kredit**	**2. Kredit**
Nettokreditbetrag	15.000,00 Euro	15.000,00 Euro
+ Zinsen	1.800,00 Euro	4.500,00 Euro
+ Bearbeitungsprovision	300,00 Euro	300,00 Euro
Gesamtbetrag	17.100,00 Euro	19.800,00 Euro
Monatsrate	712,50 Euro	330,00 Euro

Infobox

- Bei einem Monatszinssatz von z.B. 0,5 % sind nicht nur etwa 6 % Zinsen (12x0,5) zu bezahlen!
- Bei längerer Laufzeit und sonst gleichen Bedingungen wird der Kredit teurer!
- Eine längere Laufzeit führt zu niedrigeren Raten!

KOHL VERLAG Der Verlag mit dem Baum
www.kohlverlag.de

8 Der Kredit

Aufgabe 1: *Berechne das Beispiel.*
(Beachte: Die Monatszinsen sind auf volle Beträge aufzurunden, wobei eine Ausgleichsrate entsteht.)

Kontoauszug		
Annahmen	**1. Kredit**	**2. Kredit**
Kreditbetrag	10.000,00 Euro	25.000,00 Euro
Monatszinssatz	0,48 %	0,45 %
Bearbeitungsprovision	2 %	2 %
Laufzeit	36 Monate	48 Monate
Ergebnisse	**1. Kredit**	**2. Kredit**
Nettokreditbetrag		
+ Zinsen		
+ Bearbeitungsprovision		
Gesamtbetrag		
Monatsrate		

Aufgabe 2:

Herr Huber und seine Frau haben zwei Kinder im Alter von fünf und acht Jahren. Mit Kindergeld und Nebenverdienst von Frau Huber kommt die Familie im Durchschnitt auf ein monatliches Nettoeinkommen von 2200 €. Für ein neues Auto wollen sie einen Ratenkredit aufnehmen und notieren sich erst einmal ihre monatlichen Ausgaben

a) Berechne den frei verfügbaren Teil des Monatseinkommens.

Die Schuldenfalle
Die eigenen Finanzen erfolgreich verwalten - Bestell-Nr. 11 155
KOHL VERLAG Der Verlag mit dem Baum
www.kohlverlag.de

b) Die Hubers haben sich bei der Bank erkundigt: Ein Ratenkredit über 10.000 € kostet 2 Prozent Bearbeitungsgebühr und 0,42 % Zinsen im Monat. Sie überlegen, ob sie eine Laufzeit von vier oder fünf Jahren nehmen sollen. Was meinst du?

Aufgabe 3: **a)** *Welche direkten oder indirekten Risiken birgt der Ratenkauf?*

b) *Erläutere, wie jemand durch den Ratenkauf in die Schuldenfalle geraten kann.*

Aufgabe 4: *Erstelle eine Grafik, die die Gefahren des Ratenkaufs verdeutlicht.*

20

- <u>Der Dispositionskredit</u>

Der Dispositionskredit – umgangssprachlich auch nur „Dispo“ genannt – ist die von Kreditinstituten auf einem Girokonto eingeräumte, betraglich begrenzte Überziehungsmöglichkeit. Dieser Kredit unterliegt einem Zinssatz, der von Bank zu Bank unterschiedlich ist.

Die tatsächlich entstehenden Kreditkosten können nur im Nachhinein ermittelt werden. Sie sinken beispielsweise, wenn Anfang des Monats das Gehalt überwiesen wird oder zwischendurch Einzahlungen vorgenommen werden.

Beispiel:

Wie hoch sind die Sollzinsen für einen Dispositionskredit im Monat Juni, wenn der Sollzinssatz 12 % beträgt und die „deutsche Zinsrechnung“ zugrunde gelegt wird (Monat = 30 Tage, Jahr = 360 Tage)?

$$\text{Zinsen} = \frac{\text{Kapital} \cdot \text{Zinssatz} \cdot \text{Tage}}{100 \cdot 360}$$

Kontoauszug					
Tag (Wert)	**Text**	**Soll Haben**	**Betrag Euro**	**Tage**	**Sollzinsen Euro**
31.05.	Saldo	S	800	10	2,67
10.06.	Lastschrift	S	1.200		
	Saldo	S	2.000	5	3,33
15.06.	Gehalt	H	2.200		
	Saldo	H	200	1	-
16.06.	bar	S	1.700		
	Saldo	S	1.500	4	2,00
20.06.	Überweisung	H	1.600		
30.06.	Saldo	H	100	10	-
				30	**8,00**

Aufgabe 5: *Berechne nach diesem Muster die Zinsen auf einem Girokonto für den Monat November. Der Zinssatz beträgt 15 %.*

H = Haben	⇨	Gutschrift, Guthaben
S = Soll	⇨	Minusbetrag, Schulden

Kontoauszug					
Tag (Wert)	**Text**	**Soll Haben**	**Betrag Euro**	**Tage**	**Sollzinsen Euro**
31.10.	Saldo	H	700		
08.11.	Lastschrift Saldo	S	1.500		
13.11.	bar Saldo	S	2.200		
15.11.	Gehalt Saldo	H	2.500		
22.11. bis 30.11.	Überweisung Saldo	S S	750		

- Leasing

21

Leasing ist ein Nutzungsüberlassungsvertrag oder ein atypischer Mietvertrag. Es stellt eine Finanzierungsalternative für die Anschaffung von Geräten oder Fahrzeugen dar. Dabei wird das Leasingobjekt vom Leasinggeber beschafft und finanziert und dem Leasingnehmer gegen Zahlung eines vereinbarten Leasingentgelts zur Nutzung überlassen.

Beispiel eines Leasing-Geschäftes:

50.000,00 € Kaufpreis eines Fahrzeuges
1.019,61 € monatliche Leasingrate
36 Monate Laufzeit
22.500 € Restwert
8,57 % Effektivzins

9 Sparen

22

Mit Sparen wird das Zurücklegen von im Moment zur Verfügung stehendem Geld zur späteren Verwendung bezeichnet. Zwei Hauptgründe gibt es für das Sparen:

Zum einen wird für einen bestimmten Zweck gespart. So z.B., um sich später größere Anschaffungen zu ermöglichen. Dies nennt man Zwecksparen. Zum anderen wird gespart, um sich vor Notsituationen zu schützen. Das ist das sogenannte Vorsorgesparen.

Eine Umfrage des Allensbach-Institutes nach Gründen für das Sparen hat das folgende Ergebnis gebracht:

Von 100 Befragten nannten bei der Möglichkeit von Mehrfachnennungen als ihr Sparziel ...

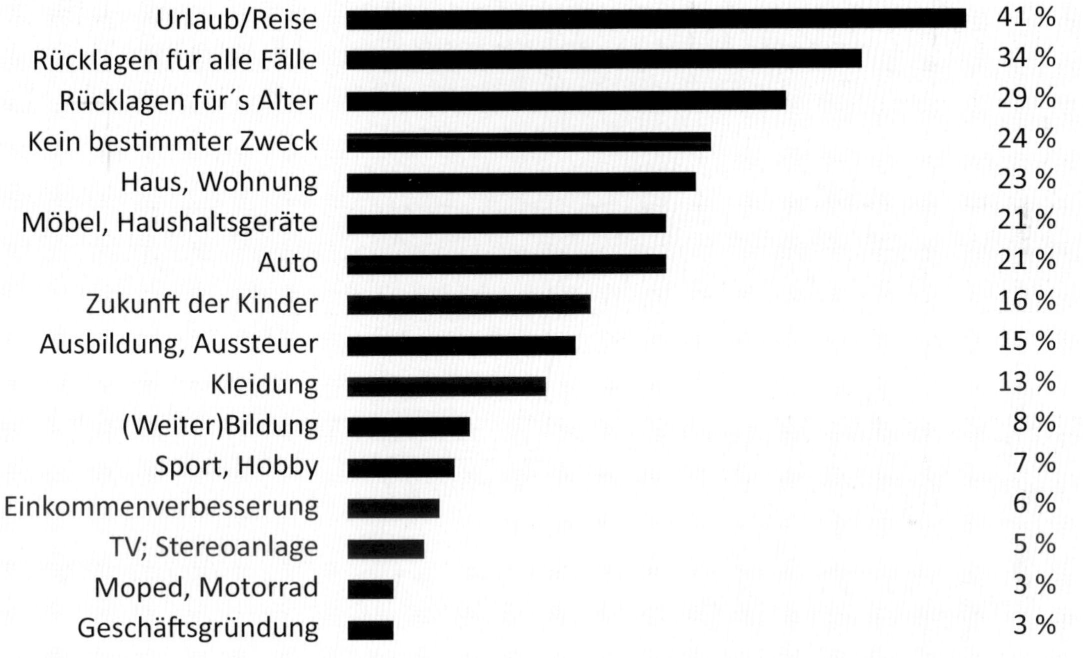

Aufgabe 1: *Wie denkt deine Familie über das Thema „Sparen“? Wofür wird bei euch gespart?*

____

____

____

Aufgabe 2: *Wie denkst du über das Thema „Sparen“? Wofür sparst du?*

____

____

____

Die Schuldenfalle
Die eigenen Finanzen erfolgreich verwalten - Bestell-Nr. 11 155
KOHL VERLAG Der Verlag mit dem Baum
www.kohlverlag.de

10 Sparen oder Kredit?

23

Die Zwillinge Janina und Julian werden bald 16 und machen gerade den M-Führerschein. Anschließend will sich Janina ein Moped und Julian einen Roller zulegen. Ihr Opa hat schon zugesagt, das Geld als Kredit mit einem Zinssatz von 0,75 % pro Monat vorzustrecken.

Aufgabe 1: *Trage diese Wörter an der richtigen Stelle ein.*

neues Kleinkraftrad sofort verfügbar – Kreditkosten – längere Wartezeit – keine Reparaturkosten für altes Fahrrad – keine Sparzinsen – mögliche Reparaturkosten – weitere Sparzinsen

a) Janina hat ein Fahrrad, das schon sehr alt ist.
Sie will so lange sparen, bis sie das Moped bezahlen kann.

Vorteile:

____

____

____

____

Nachteile:

____

____

____

____

b) Julian hat ebenfalls ein sehr altes Fahrrad.
Er will das Kreditangebot von Opa annehmen, damit er sich den Roller sofort kaufen kann.

Vorteile:

____

____

____

____

Nachteile:

____

____

____

____

Die Schuldenfalle
Die eigenen Finanzen erfolgreich verwalten - Bestell-Nr. 11 155
KOHL VERLAG
www.kohlverlag.de

11 Das eigene Girokonto

Lisa möchte ein Konto eröffnen und lässt sich von einem Bankkaufmann beraten.

24

Lisa: Was ist eigentlich ein Konto?

Bankkaufmann: *Das ist eigentlich ganz einfach – denke einmal an ein aufgeschlagenes Buch. Auf der einen Seite steht notiert, von wem du Geld bekommen hast. Auf der anderen Seite findest du die Angaben, an wen du Geld gezahlt hast. Und darüber findest du deinen Namen.*

L: Aha. Und wenn die beiden Angaben miteinander verrechnet werden, weiß ich, ob ich ein Guthaben oder Schulden habe.

B: *Genau – und das nennt man dann Kontostand. Banken nehmen diese Berechnungen mit der elektronischen Datenverarbeitung vor.*

L: Kann ich als Schülerin auch schon ein Konto haben?

B: *Hast du ein Sparbuch?*

L: Aber klar doch!

B: *Dann hast du schon ein Konto – in diesem Fall ein Sparkonto. Auf diesem Konto werden alle Ein- und Auszahlungen vermerkt. Die Zinsen, die du für dein Sparguthaben bekommst, erscheinen natürlich ebenfalls.*

L: Wozu dient das Sparbuch?

B: *Das ist wie eine Urkunde. Wenn du Geld abheben möchtest, dann legst du das Buch am Bankschalter vor.*

L: Kann ich damit auch bargeldlos bezahlen?

B: *Dazu gibt es das Girokonto. Wenn du z.B. eine Rechnung bezahlen möchtest, dann kannst du das über dein Girokonto auf das Girokonto des Rechnungsstellers machen. Giro ist ein anderes Wort für bargeldlos.*

L: Muss ich also erst 18 Jahre alt werden, um ein Girokonto zu bekommen?

B: *Nein – jeder Jugendliche kann ein Girokonto eröffnen. Du brauchst allerdings die Zustimmung der Erziehungsberechtigten, in der Regel der Eltern, wenn du noch nicht 18 bist.*

L: Dann könnte ich also meine Gebühren fürs Handy bargeldlos bezahlen? Und mein Taschengeld und Einnahmen aus Nebenjobs auf das Konto überweisen lassen?

B: *Ja, dazu bekommst du eine Bankkarte, auch „Bankcard" genannt. Und damit kannst du zusätzlich noch Geld am Geldautomaten abheben oder einen Kontoauszug ausdrucken.*

L: Wow, das ist ja wie bei einem Erwachsenen!

B: *Ja, aber es gibt da einen wesentlichen Unterschied. Jugendliche können im Gegensatz zu Erwachsenen auf einem Girokonto keine Schulden machen und mehr Geld abheben, als auf dem Konto ist. Diesen Dispositionskredit gibt es für Jugendliche nicht!*

Die Schuldenfalle
Die eigenen Finanzen erfolgreich verwalten - Bestell-Nr. 11 155
KOHL VERLAG www.kohlverlag.de

11 Das eigene Girokonto

Aufgabe 1: *Suche dir einen Partner. Erstellt je eine Merkkarte für den Schüler und den Bankkaufmann.*

Spielt anschließend in einem Rollenspiel diese Szene.

Aufgabe 2: *Erstelle eine Tabelle wie unten vorgegeben. Vergleiche mit Hilfe der Tabelle die verschiedenen Leistungen von Banken in deiner Umgebung und im Internet.*

Name der Bank	Welche Angebote hat die Bank für Jugendliche?	Was kostet ein (Giro-)konto?	Besteht ein Risiko?

Aufgabe 3: **a)** *Kreuze an: richtig oder falsch?*

		richtig	falsch
1.	Ein Jugendlicher darf nur ein Sparkonto haben.	O	O
2.	Für Guthaben auf dem Sparkonto zahlt die Bank Zinsen.	O	O
3.	Das Sparbuch zeigt den Kontostand des Sparkontos.	O	O
4.	Ein Jugendlicher kann problemlos ein Girokonto eröffnen.	O	O
5.	Giroverkehr ist ein anderes Wort für bargeldlosen Zahlungsverkehr.	O	O
6.	Ohne Sparkonto ist bargeldloser Zahlungsverkehr nicht möglich.	O	O
7.	Ein Jugendlicher kann sein Girokonto überziehen.	O	O

b) *Korrigiere die falschen Aussagen.*

____

____

____

____

____

TIPP: Es gibt noch weitere Begriffe zum Girokonto. Erkundige dich bei einer Bank oder im Internet z.B. über Electronic Cash, Onlinebanking ...

Die Schuldenfalle
Die eigenen Finanzen erfolgreich verwalten - Bestell-Nr. 11 155
KOHL VERLAG Der Verlag mit dem Baum
www.kohlverlag.de

12 Online-Shopping

25

Im Internet einkaufen ist im Prinzip kinderleicht. Den entsprechenden Online-Shop aufrufen, Produkte auswählen, in den Warenkorb legen und per Rechnung, Lastschrift oder Kreditkarte zahlen – und ein paar Tage später kommt die bestellte Ware per Post. Noch einfacher geht es nicht!

Das „Shoppen“ im Internet ist bequem und verführerisch. Es gibt unzählige Online-Shops für so ziemlich alles, was man käuflich erwerben kann. Man muss nicht mehr in die nächste Stadt fahren, um ein Buch für die Schule zu kaufen. Ein Klick z.B. zum Verkaufsshop reicht völlig aus ... Ist nun Online-Shopping ein Fluch oder ein Segen?

Das sieht jeder naturgemäß anders. Fakt ist jedenfalls, dass man beim Einkauf im Netz bestimmte persönliche Angaben liefern muss, die beim normalen Einkauf im Laden in der Stadt nicht nötig wären: Vor- und Nachname, Adresse, Telefonnummer, E-Mail-Adresse, Geburtsdatum ... . Hinter der „Sammelwut“ der Online-Händler steckt nicht nur die Absicht, dir möglichst bequem die Ware zu verkaufen. Deine persönlichen Daten sind auch von großem Nutzen – mit ihnen kann man noch viel mehr Geld verdienen! Es gibt Firmen, die haben sich auf die Marktforschung spezialisiert. Sie kaufen Online-Anbietern gerne deren Adressdaten ab, um damit ausführliche Statistiken zu erstellen. Sie filtern dabei das Wesentliche über dich heraus (z.B. diese Angaben: Vorname (männlich/weiblich), Geburtsdatum, Ort (in welcher Region lebt der Kunde), welches Produkt hat er gekauft?).

Diese wertvollen Informationen bieten sie wiederum anderen Interessenten gegen Geld an, die wissen wollen, wie alt du bist, wo du wohnst oder welche Kaufgewohnheiten du hast. So kann es passieren, dass du plötzlich Werbung per Mail oder Post von Firmen bekommst, mit denen du noch nie geschäftlich zu tun hattest.

Ein weiterer wichtiger Punkt ist, dass man nicht mit dem „Geld in der Hand“ bezahlt, sondern auf elektronischem Wege. Man merkt also unter Umständen gar nicht die Größenordnung der jeweiligen Summe. Man kauft munter weiter, klickt auf den Button „Bezahlen“ und das Geld wird vom Konto abgebucht und ist weg ... . Das verführt manche dazu, deutlich mehr auszugeben als man sich leisten kann.

Die Gefahr des bargeldlosen Bezahlens unterschätzen viele, denn man verliert dabei schnell den Überblick über die geleisteten Zahlungen.

<u>Aufgabe 1</u>: *Online-Shopping ist toll, oder? Was sagt ihr dazu? Diskutiert in der Gruppe darüber und erstellt eine Tabelle mit „Pro-“ und „Contra-Argumenten“, in der ihr eure Ergebnisse festhaltet.*
Hier einige Impulse:

- keine Zeit, in der Stadt Einkaufen zu gehen
- wie geht es dem Einzelhandel?
- süchtig nach Online-Shopping?
- Vielfalt im Internet und Preisvergleiche?

Die Schuldenfalle
Die eigenen Finanzen erfolgreich verwalten - Bestell-Nr. 11 155
KOHL VERLAG Der Verlag mit dem Baum
www.kohlverlag.de

12 Online-Shopping

Aufgabe 2: *Wie hältst du es mit Online-Shopping? Beantworte die folgenden Fragen.*

I. Kaufst du über das Internet ein? ☐ **Ja, oft** ☐ **Nein** ☐ **Selten**

II. Welche Chancen birgt das Online-Shopping deiner Meinung nach?

____

____

____

____

III. .... Und welche Risiken bringt das Online-Shopping mit sich?

____

____

____

____

IV. Worauf sollte man deiner Meinung nach beim Kauf im Internet unbedingt achten?

____

____

____

____

Aufgabe 3: *Informiere dich im Internet ganz genau über die Vor- und Nachteile des Online-Shoppings. Tausche dich mit deinen Mitschülern aus.*

Die Schuldenfalle
Die eigenen Finanzen erfolgreich verwalten - Bestell-Nr. 11 155
KOHL VERLAG Der Verlag mit dem Baum
www.kohlverlag.de

13 Das erste eigene Auto

26

Viele wünschen sich nach der bestandenen Führerscheinprüfung ein eigenes Auto, mit dem sie mobil sind und mehr Freiheit genießen können.

Mit der neuen Freiheit hängen jedoch einige Kosten zusammen. Wenn man sich nicht schon im Vorfeld genau überlegt, was die Anschaffung eines Autos im Monat kostet – und was man sich im Monat leisten kann und was nicht, dann kann das ganz schnell zu riesigen finanziellen Problemen führen!

Aufgabe 1: **a)** *Ordne die folgenden Begriffe den einzelnen Sparten zu.*

b) *Ergänze anschließend die freien Felder mit weiteren möglichen Kostenfaktoren, die dir noch einfallen.*

Knöllchen wegen zu schnellem Fahren – Überführungskosten – Öl(-wechsel) – Steuern – Nummernschilder – Bankgebühren – Kaufpreis – Inspektionen – Versicherung – Sommer- & Winterreifen – Tanken – TÜV/DEKRA – Abgassonderuntersuchung (ASU) – Wagenpflege – Zulassungsgebühr – Verkehrsclub (z.B. ADAC) – Feinstaubplaketten

Einmalige Kosten im Zusammenhang mit dem Kauf	Finanzierungskosten	Laufende/wiederkehrende Kosten	Weitere Zuzsatzkosten

Das erste eigene Auto

Aufgabe 2: **a)** *Suche dir ein Traumauto aus. Recherchiere dazu im Internet.*

b) *In der folgenden Tabelle sind ganz unterschiedliche Kosten aufgeführt, welche die Anschaffung und der Betrieb eines Autos mit sich bringen. Schätze nun die Kosten für die einzelnen Positionen und trage die geschätzten Kosten in die mittlere Spalte ein.*

Kostenarten	geschätzte Kosten	tatsächliche Kosten
Kaufpreis/Einmalzahlung bei Leasing		
Zulassungsgebühr		
Nummernschild		
Überführungskosten		
Bankgebühren		
Gesamtbetrag der einmaligen Kosten:		

Steuern		
Versicherungen - KFZ-Haftpflicht - Kaskoversicherung (Halb/Voll) - Verkehrsschutz		
Tanken		
TÜV/DEKRA - ASU		
Garagen-/Stellplatzmiete		
Öl/Ölwechsel		
Inspektionen		
Reparaturen/Ersatzteile		
Sommer- & Winterreifen		
Verkehrsclub		
Wagenpflege		
Knöllchen/geblitzt worden		
Leasingraten/Kreditraten		
Gesamtbetrag der laufenden Kosten:		

c) *Recherchiere nun im Internet die tatsächlichen Kosten, die der Betrieb eines Autos mit sich bringt und schreibe sie neben deine geschätzten Werte.*

Die Schuldenfalle
Die eigenen Finanzen erfolgreich verwalten - Bestell-Nr. 11 155
KOHL VERLAG Der Verlag mit dem Baum
www.kohlverlag.de

13 Das erste eigene Auto

Aufgabe 3: *Ermittle, welchen Betrag du monatlich für dein Traumauto zur Seite legen musst. Vergiss aber die einmaligen Kosten nicht!*

____

Aufgabe 4: **a)** *Was fällt dir noch konkret ein, wie man Kosten eventuell einsparen könnte?*

____

____

b) *Addiere nun die Gesamtkosten in der Tabelle. Liegen diese Kosten in deinem Budget?*

☐ **Ja** ☐ **Nein**

Wenn nein, warum? ______________________________

____

c) *Ist dein Auto mit diesen Kosten langfristig für dich tragbar?*

☐ **Ja** ☐ **Nein**

Begründung: ______________________________

____

Aufgabe 5: *Überlege dir, ob es eventuell günstigere Alternativen gibt, bei denen du einen bestimmten Betrag sparen kannst.*

____

____

____

Die Schuldenfalle
Die eigenen Finanzen erfolgreich verwalten - Bestell-Nr. 11 155
KOHL VERLAG Der Verlag mit dem Baum
www.kohlverlag.de

14 Der Urlaub

27

Urlaub ist die schönste Zeit im Jahr. Im Urlaub will man sich erholen, die Seele baumeln lassen und alle Probleme für kurze Zeit vergessen.

Schon bei der Urlaubsplanung sollte man jedoch genauer hinschauen! Es gibt unzählige Schnäppchen-Angebote, mit denen Reisebüros uns ködern. Gerade hier gibt es trickreich versteckte Kostenfallen, die man leicht übersieht ... .

Das fängt mit den sogenannten „Billig-Airlines“ an, die oft überraschend günstige Flüge anbieten. Jedoch muss man hier auf die Feinheiten achten: das Gepäck. Es darf oftmals ein ganz bestimmtes Maß und Gewicht nicht überschreiten. Ist dies der Fall, kann es schnell teuer werden! Diese Maße gelten übrigens sowohl für den Hin- als auch für den Rückflug. Man sollte also einkalkulieren, dass man im Urlaubsland meist auch noch auf Schnäppchenjagd gehen will. Auch die Getränke und das Essen müssen bei Billigflügen oft zu sehr hohen Preisen erworben werden. Auf diesen Umwegen versuchen die Flugfirmen, ihre Einnahmen aufzubessern.

Auch über das Urlaubsland sollte man sich gegebenenfalls gut informieren. Kann man sich dort frei bewegen? Ist das Land sicher für europäische Touristen? Gerne werden Urlaubsziele gewählt, in denen man günstig Zigaretten, Alkohol oder Kleidung einkaufen kann. Doch es gibt ein Hindernis, das viele bei der Rückreise nicht beachtet haben: den Zoll. Manches darf gar nicht oder nur in begrenzter Menge nach Deutschland eingeführt werden, anderes muss man sehr teuer verzollen. Da wird aus einem vermeintlichen Schnäppchen schnell eine böse Kostenfalle. Wenn es ganz dick kommt, ist auch noch eine empfindliche Geldstrafe fällig!

Im Urlaubsland müssen Strandnutzung, Freizeitangebote oder Spiel- und Sportmöglichkeiten oft bezahlt werden. Auch die Verpflegung im Hotel ist nicht immer mit einkalkuliert. Und dann ist dies und das noch gebührenpflichtig, überall lauern unerwartete Kosten.

Man sollte übrigens nicht zu viel Bargeld bei sich haben. Auch das Mitführen von Bank- und Kreditkarten ist in manchen Regionen der Erde sehr gefährlich. Man sollte seine Geldbörse nie aus den Augen lassen, denn trickreiche Diebe und Betrüger versuchen, sich die Kartendaten zu ergaunern, um dann vom fremden Konto Geld abzuheben. Daher gilt: Geldkarten am besten nie aus der Hand geben und wenn, dann nur unter Aufsicht.

Für einen möglichst entspannten, schuldenfreien Urlaub gilt also folgendes: Im Vorfeld die Angebote genau studieren, ganz besonders auch das Kleingedruckte beachten. Fehlende Infos beim Reisedienstleister einholen und sich nach eventuellen zusätzlichen Kosten erkundigen. Bei besonders exotischen Reisezielen ist es möglich, sich Informationen beim Deutschen Auswärtigen Amt einzuholen.

So kann der Urlaub das bleiben, was er schließlich sein soll: Erholung und neue Energie tanken.

Die Schuldenfalle
Die eigenen Finanzen erfolgreich verwalten - Bestell-Nr. 11 155
KOHL VERLAG Der Verlag mit dem Baum
www.kohlverlag.de

14 Der Urlaub

Aufgabe 1: *Arbeite mit deinem Tischnachbarn zusammen. Plant eine komplette gemeinsame Urlaubsreise in ein Land eurer Wahl. Beachtet folgende Fragen:*

- Welches Land soll es sein?
- Was gibt es in diesem Land zu beachten?
- Wie komme ich in das Land?
- Wo und wie möchte ich dort untergebracht sein?
- Was möchte ich dort unternehmen?
- Welche Kosten sind zu erwarten?

Aufgabe 2: *Füllt gemeinsam die folgende Tabelle aus:*

Reiseziele/Ausflüge/ Flug/Gebühren/Zoll/ Hotel/Kurtaxe	Kosten	Finanzierbar – ja oder nein?

KOHL VERLAG Der Verlag mit dem Baum www.kohlverlag.de
Die Schuldenfalle
Die eigenen Finanzen erfolgreich verwalten - Bestell-Nr. 11 155

15 Versicherungen & mehr

28

Nicht jeder kann sich das unbedingt leisten, was er gerne hätte. Viele Dinge haben versteckte Folgekosten, die auf den ersten Blick nicht ersichtlich sind. Ein wichtiger Kostenfaktor werden zum Beispiel mehr und mehr die Versicherungen zur Absicherung des privaten Vermögens. Das heißt, wenn du etwas versehentlich kaputt machst, sollte jemand dafür aufkommen, damit dein angespartes Geld nicht dafür geopfert werden muss. Dafür gibt es Versicherungen.

Versicherungen sind ein wichtiger Bestandteil unseres täglichen Lebens. Ohne sie wärst du im Schadensfall oft verloren. Es gibt unzählige Versicherungen, du kannst dich im Prinzip fast gegen alles versichern. Viele Versicherungen brauchst du – oder auch nicht ...

Wichtig ist für jeden Menschen eine Haftpflichtversicherung, welche für Schäden aufkommt, die man versehentlich verursacht. Diese Form der Versicherung ist eine sinnvolle Versicherung, denn wenn etwas kaputt geht, musst du nicht dein eigenes Geld einsetzen, um den Schaden zu beheben.

Eines musst du dabei stets bedenken: Versicherungen sind keine sozialen Einrichtungen, sondern profitorientierte Firmen. Sie verdienen ihr Geld mit den jährlichen Prämien der Versicherten. Diese Prämien musst du bezahlen, ob du eine Versicherungsleistung in Anspruch genommen hast oder nicht.

Aus Sicht der Versicherung brauchst du natürlich unbedingt alle Absicherungen, die eine Versicherung anbietet. Es ist aber wichtig, sich umfassend zu informieren, welche Versicherungen du in welchem Lebensabschnitt oder in welcher Lebenssituation wirklich benötigst.

<u>Aufgabe 1</u>: *Betrachte das Plakat der Versicherung „EVIVO“ aufmerksam. Welche Stimmung erzeugen die Menschen auf dem Plakat beim Betrachter bzw. wollen sie beim Betrachter erzeugen?*

____

____

____

____

____

Die Schuldenfalle
Die eigenen Finanzen erfolgreich verwalten - Bestell-Nr. 11 155
KOHL VERLAG Der Verlag mit dem Baum
www.kohlverlag.de

15 Versicherungen & mehr

Aufgabe 2: **a)** *Erkundige dich im Internet, welche verschiedenen Versicherungen es gibt. Liste auf, was du finden kannst.*

b) *Umkreise alle Versicherungstypen, die für deine Altersklasse wichtig sind bzw. eine Rolle spielen. Tausche dich hier mit deinem Tischnachbarn aus.*

Aufgabe 3: **a)** *Entwickle ein Werbeplakat, das genau auf die Ansprüche von Jugendlichen deines Alters abzielt. Zeichne eine Skizze.*

b) *Begründe und erkläre, warum du es genau so gestaltet hast.*

Die Schuldenfalle
Die eigenen Finanzen erfolgreich verwalten - Bestell-Nr. 11 155
KOHL VERLAG Der Verlag mit dem Baum
www.kohlverlag.de

29

Du hast schon festgestellt, dass es die verschiedensten Versicherungen gibt und alle Versicherungen am liebsten alles anbieten würden.

Was steckt aber hinter den einzelnen Versicherungen? Hier ist ein kleiner Überblick über alle wichtigen Versicherungsarten:

Unfallversicherung

30

Eine Unfallversicherung greift, wenn man sich in der Freizeit verletzt. Eine gesetzliche Unfallversicherung greift in diesem Fall leider nicht. Eine Unfallversicherung bietet meistens einen „Rund-um-die-Uhr-Versicherungsschutz", der weltweit gilt.

Haftpflichtversicherung

31

Solange du noch bei deinen Eltern wohnst, bist du bei Schäden, die du bei anderen verursachst, über die sogenannte Familienhaftpflichtversicherung abgesichert. Wenn du eine Ausbildung anstrebst, bist du ebenfalls während der ersten Berufsausbildung bei deinen Eltern mitversichert. Studenten bis zum 25. Lebensjahr genießen ebenfalls den Versicherungsschutz der Familienhaftpflichtversicherung. Solltest du deine Berufsausbildung frühzeitig beenden oder sofort in den Job starten, musst du eine eigene Haftpflichtversicherung abschließen – auch wenn du noch keine eigene Wohnung bezogen hast. Meistens fällt man in den Tarif für Alleinstehende (Singles), der oftmals viel günstiger ausfällt.

Berufsunfähigkeitsversicherung

32

Solltest du direkt ins Berufsleben einsteigen, wird der Abschluss einer Berufsunfähigkeitsversicherung ratsam, um dich im Fall einer schlimmen Krankheit oder eines Unfalls vor Erwerbsausfall zu schützen. Es besteht immer ein Risiko, vor dem Rentenalter eventuell berufsunfähig zu werden. Da Jugendliche meistens noch über eine gesunde Verfassung verfügen und keine Vorerkrankungen vorliegen, sind Berufsunfähigkeitsversicherungen zwar teuer, aber es werden zumeist keine Aufschläge erhoben. Das Eintrittsalter spielt bei der Preiskalkulation einer Berufsunfähigkeitsversicherung eine ganz entscheidende Rolle: Je jünger man ist, desto günstiger wird die Versicherung.

Die Schuldenfalle
Die eigenen Finanzen erfolgreich verwalten - Bestell-Nr. 11 155
KOHL VERLAG
www.kohlverlag.de

Krankenversicherung

33

Wenn ein Jugendlicher eine Berufsausbildung beginnt, verfällt der Versicherungsschutz über die Eltern. Der Arbeitgeber meldet den Auszubildenden oder Angestellten bei einer Krankenkasse nach Wahl des Beschäftigten. Es fallen sogenannte Arbeitgeber- und Arbeitnehmeranteile an. Beide zahlen also in die Krankenversicherung ein. Der Beitrag wird dem Angestellten meist direkt vom Lohn abgezogen. Dies sind sogenannte gesetzliche Krankenversicherungen. Auch wenn man über die Eltern privat versichert war, verfällt mit Eintritt ins Berufsleben dieser Versicherungsschutz. Es besteht die Möglichkeit, eine sogenannte private Zusatzversicherung abzuschließen. Welche zusätzlichen Vorteile sich dadurch ergeben, ist unterschiedlich und von der Leistung der Zusatzversicherung abhängig.

Bausparvertrag

34

Der Bausparvertrag ist keine Versicherung – aber eine Überlegung wert, wenn du schon dein eigenes Einkommen beziehst. Wenn du einen Bausparvertrag abschließt, erhältst du in der Regel eine finanzielle Zuwendung durch den Arbeitgeber, wenn die Anforderungen zur Arbeitnehmersparzulage erfüllt sind.

Aufgabe 4: *Vervollständige den Satzanfang.*

a) Eine **Unfallversicherung** tritt ein, ______________________________

____

b) Eine **Haftpflichtversicherung** ist ______________________________

____

c) Eine **Berufsunfähigkeitsversicherung** versichert dich ______________________________

____

d) Eine **Krankenversicherung** ______________________________

____

e) Bei einem **Bausparvertrag** erhalte ich ______________________________

____

Die Schuldenfalle
Die eigenen Finanzen erfolgreich verwalten - Bestell-Nr. 11 155
KOHL VERLAG Der Verlag mit dem Baum
www.kohlverlag.de

Aufgabe 5: *Besprich mit deinen Eltern, welche Versicherungen für dich existieren und welche du noch abschließen solltest. Trage die Ergebnisse in die Tabelle ein.*

Versicherungsart (z.B. Haftpflicht-versicherung)	Habe ich schon seit dem ...	Muss ich noch abschließen (am ...)

Aufgabe 6: *Versicherungen kosten Geld – und das jeden Monat! Was solltest du vor dem Abschluss einer Versicherung daher gründlich überlegen?*

Die Schuldenfalle
Die eigenen Finanzen erfolgreich verwalten - Bestell-Nr. 11 155
KOHL VERLAG www.kohlverlag.de

16 Wohnen, Miete und Mietkaution

35

Viele Leute wohnen in einer Mietwohnung und können oder möchten sich kein Wohneigentum wie Haus oder Eigentumswohnung anschaffen. Das kann Vorteile, aber auch Nachteile haben.

Der Vermieter einer Wohnung oder eines Hauses darf sich aussuchen, wer dort einzieht. Niemand, der sich für ein Mietobjekt interessiert, bekommt auch direkt die Mietzusage.

Zunächst schaust du dir das Mietobjekt an. Mieter und Vermieter dürfen sich gegenseitig Fragen stellen. Die Fragen der Mieter drehen sich meistens darum, was die Wohnung im Monat kostet, wie hoch die Nebenkosten wie z.B. Müll, Wasser, Versicherung usw. sind. Der Mietinteressent möchte oftmals Details zum Mietobjekt oder zu den anderen Mietern wissen. Der Vermieter dagegen möchte sicher sein, dass die Mieter vernünftige Leute sind, die das Mietobjekt auch gut und pfleglich behandeln und dass sie pünktlich ihre Miete bezahlen. Damit sich ein Vermieter aber sicher sein kann, dass der Mieter gut mit dem Objekt umgeht, kann er eine Mietkaution verlangen. Das ist eine Art „Sicherheitssumme", die vom Vermieter hinterlegt wird. Von dieser Rücklage (meist entspricht die Summe 2 bis 3 Monatsmieten) können dann gegen Ende des Mietverhältnisses Reparaturen bezahlt werden, wenn der Mieter das Objekt im ungepflegten oder beschädigten Zustand hinterlässt. Sollte jedoch alles in Ordnung sein, bekommt der Mieter diese Mietkaution beim Auszug in der Regel komplett zurück.

Die Miete für ein Objekt ist ganz unterschiedlich und hängt von verschiedenen Faktoren ab. Um genau zu wissen, wie hoch die Miete pro Quadratmeter ist, gibt die Stadtverwaltung jährlich einen sogenannten „Mietspiegel" heraus. Das ist eine tabellarische Übersicht mit empfohlenen Mietsummen. Im Mietspiegel sind aber auch noch andere Aspekte berücksichtigt, zum Beispiel, ob das Objekt an einer Hauptverkehrsstraße liegt oder in einem eher ruhigen Wohngebiet. Ebenso entscheidend ist, ob sich die Wohnung unter dem Dach befindet und Dachschrägen hat. Dann fällt die Miete niedriger aus, denn die Flächen unter der Schräge werden nicht als vollwertiger Wohnraum berechnet.

Sind sich Mieter und Vermieter einig geworden, wird ein Mietvertrag abgeschlossen. In diesem Vertrag werden die monatliche Miete, die Nebenkosten und die Kaution festgehalten. Es werden Hausordnungen ausgehändigt, an die sich der Mieter zu halten hat. Auch ist berücksichtigt, was der Mieter in der Wohnung selber machen und renovieren muss und welche Arbeiten der Vermieter durchzuführen hat. Über alle Veränderungen an der Wohnung ist der Vermieter zu informieren, denn ihm gehört ja schließlich das Mietobjekt!

Zur Miete wohnen ist die Regel für viele Menschen in unserer Gesellschaft. Manche besitzen aber selbst ein eigenes Haus. Ein eigenes Heim ist schön, man hat etwas geschaffen, was einem selbst gehört. Zudem ist es eine sinnvolle Kapitalanlage. Andererseits ist ein Haus arbeitsintensiv und pflegebedürftig, man muss immer wieder viel Energie, Zeit und Geld hineinstecken, um seine Qualität zu erhalten.

Die Schuldenfalle
Die eigenen Finanzen erfolgreich verwalten - Bestell-Nr. 11 155
KOHL VERLAG Der Verlag mit dem Baum
www.kohlverlag.de

16 Wohnen, Miete und Mietkaution

Aufgabe 1: *Fülle die folgende Tabelle mit den Vor- und Nachteilen eines Mietobjektes.*

Vorteile	Nachteile
____________________	____________________
____________________	____________________
____________________	____________________
____________________	____________________
____________________	____________________
____________________	____________________
____________________	____________________
____________________	____________________
____________________	____________________
____________________	____________________
____________________	____________________

Aufgabe 2: *Erkundige dich bei der Stadtverwaltung, wie hoch der Mietspiegel in der Straße, in der du wohnst, ist.*

Straße: ______________________________ Preis pro qm: ________ €

Aufgabe 3: *Suche auch die Mietspiegel umliegender Städte heraus und vergleiche sie miteinander. Stelle die Werte tabellarisch auf einem separaten Blatt gegenüber. So könnte die Tabelle aussehen:*

Stadt	Straße	€ / qm

KOHL VERLAG Der Verlag mit dem Baum www.kohlverlag.de
Die Schuldenfalle
Die eigenen Finanzen erfolgreich verwalten - Bestell-Nr. 11 155

Wohnen, Miete und Mietkaution

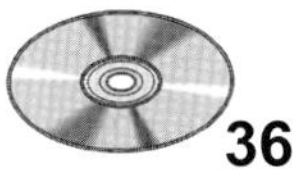
36

Die beiden Freunde Tim und Daniel träumen später von einem eigenen großen Haus. Doch so einfach, wie sich die beiden das vorstellen, ist das leider nicht ... . Ein Haus zu zeichnen und zu planen – das ist ganz einfach, aber dann auch eines zu bauen? Es muss ja nicht direkt ein ganzes Haus sein, eine Mietwohnung reicht ja erstmal auch aus, um zu Hause auszuziehen.

Wichtig ist aber auch, dass genug Geld reinkommt, um die Wohnung auch bezahlen zu können. Um mit deinem Geld auszukommen, bedarf es einer genauen Kalkulation, also einer Aufstellung aller Kosten.

Im Folgenden findest du eine Aufstellung, was so alles auf dich zukommt, wenn du alleine wohnst.

Aufgabe 4: *Erkundige dich, was die einzelnen Posten in der Tabelle für Kosten erzeugen und trage sie in die Tabelle ein.*

Wohnung	**Kosten**
Kaltmiete	
Heizung	
Wasser	
Müllabfuhr	
Strom- und Gasverbrauch	
sonstige Nebenkosten (Stellplatz ...)	

Versicherungen	**Kosten**
Hausrat	
Haftpflicht	
sonstige Versicherungen	

Kommunikation	**Kosten**
Festnetz	
Handy	
Internet	
Fernseh- und Radiogebühren	
Sonstiges	

Die Schuldenfalle
Die eigenen Finanzen erfolgreich verwalten - Bestell-Nr. 11 155
KOHL VERLAG Der Verlag mit dem Baum
www.kohlverlag.de

16 Wohnen, Miete und Mietkaution

Mobilität	Kosten
Bus, Bahn, Straßenbahn etc.	
Auto	
Fahrrad/Zweirad	
Sonstiges	

Leben & Freizeit	Kosten
Essen	
Kosmetik	
Wäsche waschen	
Ausgehen (Feiern, Sport etc.)	
Klamotten	
sonstige Ausgaben (Hobby etc.)	

Schule, Beruf, Ausbildung	Kosten
Bücher	
Material (Schreibblock, Stifte etc.)	
Sonstiges	

Sparen/Rücklagen bilden	Kosten
Sparbuch	
andere Sparmöglichkeiten	
Sonstiges	

Nun rechne alle Kosten zusammen:

Wohnung	
Versicherungen	
Kommunikation	
Mobilität	
Leben & Freizeit	
Schule, Beruf, Ausbildung	
Sparen/Rücklagen bilden	

GESAMTBETRAG DER KOSTEN	

KOHL VERLAG Der Verlag mit dem Baum www.kohlverlag.de
Die Schuldenfalle
Die eigenen Finanzen erfolgreich verwalten - Bestell-Nr. 11 155

17 Kostenfalle Handy

37

- Fast jeder besitzt heute ein Handy. Ob es das modernste Modell ist oder ein alter klobiger Kasten – eines sollten sie alle können: telefonieren ...

  Die heutigen modernen Handys sind aber nicht nur zum Telefonieren da. Eigentlich sind sie kleine PC's, mit denen man im Internet surfen, Daten hin- und herschicken oder E-Mails versenden und empfangen kann.

  Gerade das Surfen im Internet, Handy-Abos, SMS-Nachrichten, Downloads und viel telefonieren entpuppen sich häufig als Kostenfalle.

- Schon die Wahl des Vertrags entscheidet beim Handy über die laufenden Kosten, die später regelmäßig bezahlt werden müssen:

  Wer mehr als zweieinhalb Stunden monatlich mit dem Handy telefoniert, für den ist ein Vertrag mit höherer Grundgebühr und niedrigen Gesprächsgebühren geeignet. Kommt es vor allem auf die Erreichbarkeit an, ist eine niedrige Grundgebühr mit höheren Gesprächsgebühren das Richtige.

  Die Stiftung Warentest rät allen, die über kein regelmäßiges Einkommen verfügen, zur sogenannten Prepaid-Card. Zwar sind diese etwas teurer als herkömmliche Handy-Verträge, aber man hat die Kosten genau im Blick. Prepaid heißt nämlich „im Voraus bezahlt“. Statt monatliche Gebühren zu zahlen, kauft man sich vorher ein Guthaben, das wie bei einer normalen Telefonkarte abtelefoniert wird.

  SMS-Schreiben kann die Handyrechnung schonen. Einen Termin bestätigen oder einen Treffpunkt vereinbaren lässt sich schnell mit einer SMS erledigen. Das kostet weniger als ein Telefonat, besonders weil man sich hier kurz fassen muss und sich nicht verquatschen kann.

  Es gilt: Knapp formulieren! Je nach Anbieter sind pro SMS nur eine bestimmte Menge von Zeichen erlaubt.

Aufgabe 1: *Notiere, was dein aktuelles Handy alles „kann“.*

Mein Handy

Aufgabe 2: **a)** *Besitzt du ein Vertrags- oder ein Prepaid-Handy?*

____

b) *Informiere dich zu folgenden Fragen im Internet und vervollständige die Tabelle.*

Fragen	Erläuterungen/Stichwörter
Was ist der Unterschied zwischen einem Prepaid- und einem Laufzeitvertrag?	
Wie werden die Gebühren abgerechnet? (pro Sekunde/Minute?)	
Was sind APPS? Gibt es noch etwas anderes?	
Welche Netze gibt es und was sind die Unterschiede?	
Wann muss ich mein Handy mit neuem Guthaben aufladen?	
Brauche ich die Roaming-Einstellungen und was muss ich dabei beachten?	
Was kann eine Mailbox?	
Wo bekomme ich für das wenigste Geld die meisten/neuesten Klingeltöne.	
Kann ich mit einer Prepaidkarte Schulden machen?	
Was muss ich beim Download per Handy beachten?	

KOHL VERLAG Der Verlag mit dem Baum www.kohlverlag.de
Die Schuldenfalle
Die eigenen Finanzen erfolgreich verwalten - Bestell-Nr. 11 155

Kostenfalle Handy

Aufgabe 3: *Nach reiflicher Überlegung hast du dich dazu entschlossen, ein Handy zu kaufen. Du gehst in den nächsten Mobilfunkladen und schon spricht dich ein Verkäufer an.*

Ergänze die Aussagen, sodass ein sinnvolles Gespräch entsteht.

Verkäufer: Guten Tag, du willst bestimmt ein Handy bei uns kaufen und einen festen Vertrag haben. Ich zeige dir sofort mal unsere aktuellsten Handys. Die lassen keine Wünsche offen.

1. ______________________________

____

____

Verkäufer: Klar haben wir auch Prepaid-Verträge, aber du willst doch bestimmt viel mit deinen Freunden telefonieren, da lohnt sich eher ein fester Vertrag.

2. ______________________________

____

____

Verkäufer: Beim festen Vertrag müssen deine Eltern aber nur einmal unterschreiben und du musst sie nicht ständig nach Geld für die neue Prepaid-Karte fragen.

3. ______________________________

____

____

Verkäufer: Schulden möchte natürlich keiner machen, aber du willst doch auch spontan und unabhängig sein!

4. ______________________________

____

____

Die Schuldenfalle
Die eigenen Finanzen erfolgreich verwalten - Bestell-Nr. 11 155
KOHL VERLAG Der Verlag mit dem Baum www.kohlverlag.de

Droht dir die Kostenfalle?

Aufgabe 4: *Wie gefährdet bist du, in die „Kostenfalle Handy" zu tappen? Bearbeite das folgende Arbeitsblatt gewissenhaft und versuche, auf jede Frage eine ehrliche Antwort zu geben. Wenn du nicht genug Platz zum Schreiben hast, schreibe auf die Blattrückseite.*

Frage 1: *Besitzt du ein Handy?* ☐ **Ja** ☐ **Nein**

Frage 2: *Wenn ja, welche Marke?* ______________________

Welches Modell? ______________________

Wenn nein, welches Modell von welcher Marke hättest du gerne?

____

Frage 3: *Welche Funktionen muss das Handy unbedingt haben? Zähle auf.*

____

____

____

Frage 4: *Wie viel hat dein Handy gekostet?* ______________________

Hast du es einzeln gekauft oder vergünstigt mit dem Vertrag bekommen?

____

Bzw.: Wie viel darf dein Handy maximal kosten? ______________________

Frage 5: *Wie viel bezahlst du im Monat für dein Handy (SMS, Telefonate, MMS, Grundgebühr ...)?*

____

Bzw.: Wie viel wärst du bereit, monatlich für dein Handy zu bezahlen?

____

KOHL VERLAG Der Verlag mit dem Baum www.kohlverlag.de
Die Schuldenfalle
Die eigenen Finanzen erfolgreich verwalten - Bestell-Nr. 11 155

Aufgabe 5: *Schau dir die folgende Werbung an. Du siehst die genauen Kosten für die verschiedenen Dienstleistungen. Notiere, welche Dienstleistungen das jeweilige Beispiel bietet. Welche Kosten entstehen jeweils?*

Beispiel A:

Beispiel B:

Beispiel C:

Die Schuldenfalle
Die eigenen Finanzen erfolgreich verwalten - Bestell-Nr. 11 155
KOHL VERLAG Der Verlag mit dem Baum
www.kohlverlag.de

17 Kostenfalle Handy

Aufgabe 6: *In einer Zeitschrift findest du folgende Anzeigen. Weil dir der Klingelton deines Handys nicht mehr gefällt, lädst du einen neuen auf dein Handy herunter. Du nimmst auch noch zwei neue Spiele und die letzten vier Logos der Woche.*

Logo der Woche

Bestellung per SMS:
Sende Logo-Bestell-Nr. an ...

Preis pro Logo der Woche: 1,99 € (= 1 SMS)

Bei Farblogos, Realsounds, Spielen fallen zzgl. Gebühren deines Netzbetreibers für den Wap-Download von 1,49 € an.

- -

Top Chart Klingeltöne

So einfach ist das Bestellen per Handy.
Verschicke eine SMS mit dem Bestellcode.
Du erhältst deine Bestellung per SMS mit einem Link zum Download.
Wähle den Link an und der Download beginnt.

1,99 /SMS zzgl. anfallender WAP-Gebühren für den Download von 1,49 €.

- -

Top Handy-Spiele

Nur einmal downloaden und so oft spielen wie du willst.
2 SMS à 1,99 € pro Spiel

Zzgl. anfallender WAP-Gebühren für den Download 1,49 €.

a) *Rechne aus, wie viel du am Ende des Monats für die Downloads und SMS bezahlen musst.*

b) *Besprecht in der Klasse, auf welche versteckten Kosten ihr bei Downloads besonders achten müsst. Notiert die Ergebnisse eurer Diskussion.*

Die Schuldenfalle
Die eigenen Finanzen erfolgreich verwalten - Bestell-Nr. 11 155
KOHL VERLAG Der Verlag mit dem Baum
www.kohlverlag.de

18 Thema Sucht

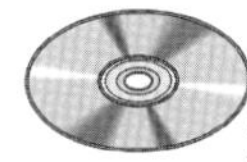

Das Thema *Sucht* spielt in allen Gesellschaftsschichten eine bedeutende Rolle. Es gibt verschiedene Süchte: Alkohol, Zigaretten, Drogen, Spielsucht, Kaufsucht ... . Besonders die Alkoholsucht weist stark wachsende Tendenzen auf.

Bei Jugendlichen ist es meistens der Gruppenzwang in der sogenannten „me-too-Gesellschaft", der sie z.B. zur Zigarette greifen lässt.

Sucht ist nicht nur eine Krankheit, sondern oft auch der schleichende finanzielle Ruin der betroffenen Person. Alkoholiker zum Beispiel geben Unmengen Geld für Alkohol aus. Sie verlieren die Kontrolle über ihre Finanzen, über ihr Handeln, ihr Leben ... . Zu einem späteren Zeitpunkt verlieren sie oft ihren Job, denn wegen des Alkoholmissbrauchs werden sie unzuverlässig. Durch den Jobverlust kommt es dann auch häufig zum Auseinanderbrechen einer Beziehung oder gar der ganzen Familie. Der Alkoholiker gerät immer weiter ins soziale Abseits und landet schließlich ganz unten ohne Job, ohne Geld und oft auch ohne Familie.

Der Konsum von harten Drogen bringt meistens noch einen viel schnelleren sozialen Absturz mit sich. Auch die Gesundheit ist schnell ruiniert.

Eine andere schlimme Sucht ist die Spielsucht, die immer mehr Menschen in Mitteleuropa befällt. Diese Personen sitzen stundenlang vor den sogenannten „Daddelapparaten" in Spielhallen und verzocken hunderte, manchmal tausende von Euros. Sie können einfach nicht damit aufhören, stets getrieben von der Hoffnung, einmal den ganz großen Gewinn zu machen. Aber unter dem Strich rutschen sie immer tiefer in den finanziellen Ruin. Auch diese Sucht kann Familien und ganze Existenzen zerstören!

Süchte führen nicht selten zu kriminellen Handlungen, da man stets auf der Suche nach neuen Geldquellen ist.

Aufgabe 1: *In ausgelassener Gesellschaft wird gerne geraucht, Alkohol getrunken und ausgiebig gefeiert. Du achtest nicht mehr so auf die Kosten. Die meisten Discos oder Bars arbeiten mit Karten, auf denen der Verzehr festgehalten wird. Du bezahlst erst beim Verlassen des Gebäudes. So fällt es oft schwer, den Überblick zu behalten. Hier ein Beispiel für eine Wochenendnacht eines Jugendlichen:*

Fahrt zur Disco in der nächsten Stadt am Samstagabend:

• Fahrt zur Disco (mit dem Zug)	10,00 €
• Eintritt	5,00 €
• Garderobe	2,00 €
• 7 Getränke am Abend	20,30 €
• zwei Schachteln Zigaretten	10,00 €
• Snack von der Tankstelle	4,90 €
• Rückfahrt (mit dem Zug)	10,00 €
	insgesamt **62,20 €**

Es gibt Jugendliche, die das fast jedes Wochenende machen. Was denkt ihr darüber? Diskutiert in der Gruppe.

Thema Sucht

Aufgabe 2: *Informiere dich, wie viele Menschen in Deutschland süchtig sind und welche Suchtkrankheiten sie haben.*

____

____

____

____

____

Aufgabe 3: *Welche Risiken bringen solche Suchtkrankheiten mit sich? Berücksichtige dabei auch den Gruppenzwang.*

____

____

____

____

____

Aufgabe 4: *Stelle selber eine Beispielrechung für deine „Süchte“ auf. Wenn du meinst, kein Suchtverhalten zu zeigen, dann rechne z.B. deinen Süßigkeitenkonsum aus oder erfinde Zahlen, die zu einer sucht-kranken Person passen könnten.*

süchtig/konsumiere ich oft	Anzahl der Produkte und Einzelpreis	Gesamtpreis

KOHL VERLAG Der Verlag mit dem Baum www.kohlverlag.de
Die Schuldenfalle
Die eigenen Finanzen erfolgreich verwalten - Bestell-Nr. 11 155

19 Schulden

39

Jetzt hast du viele Erfahrungen über dich, deine Träume und Wünsche, deine finanziellen Möglichkeiten und dein Verhalten beim Geldausgeben gesammelt. Viele Menschen geraten in einen sogenannten Schuldentrichter und rutschen immer tiefer in die Schuldenfalle.

- Mangelnde bzw. fehlende Kenntnisse im Umgang mit Geld
- Viel zu schnelle Bereitschaft zur Kreditaufnahme bzw. Kreditabschluss
- Einflüsse von Freunden und Bekannten (Statussymbole)
- Kein Überblick mehr über die finanzielle Situation
- Leicht beeinflussbar durch Werbung und Statusdenken

\+

Verschuldung durch nicht beglichene Rechnungen

↓

Verlust des Kontos (nicht mehr kreditwürdig)

↓

Mahnbescheid

↓

Vollstreckungsbescheid bis hin zur Pfändung

↓

weiter wachsende Verschuldung durch Kosten und Zinsen

Verdrängung aus Schamgefühl oder Ignoranz

psychische Probleme werden größer

Abbau von sozialen Kontakten

Vernachlässigung von Pflichten

eventuell Beschaffungskriminalität

Leben am Existenzminimum

mangelnde Arbeitsmotivation

Arbeitsplatzverlust

Die Schuldenfalle
Die eigenen Finanzen erfolgreich verwalten - Bestell-Nr. 11 155
KOHL VERLAG www.kohlverlag.de

19 Schulden

Aufgabe 1: *Beantworte zu jeder Aussage die beiden folgenden Fragen:*

a) Wie stehst du zu dieser Aussage? Hast du Erfahrungen damit?
b) Schau nach vorne: Wie möchtest du auf diese Aussage reagieren?

1. Mangelnde bzw. fehlende Kenntnisse im Umgang mit Geld

a) ______________________________

____

b) ______________________________

____

2. Viel zu schnelle Bereitschaft zur Kreditaufnahme bzw. Kreditabschluss

a) ______________________________

____

b) ______________________________

____

3. Einflüsse von Freunden und Bekannten (Statussymbole)

a) ______________________________

____

b) ______________________________

____

4. Kein Überblick mehr über die finanzielle Situation

a) ______________________________

____

b) ______________________________

____

5. Leicht beeinflussbar durch Werbung und Statusdenken

a) ______________________________

____

b) ______________________________

____

KOHL VERLAG Der Verlag mit dem Baum
www.kohlverlag.de
Die Schuldenfalle
Die eigenen Finanzen erfolgreich verwalten - Bestell-Nr. 11 155

Wie gehe ich meine Schulden an?

40

Ohne das klassische Haushaltsbuch geht gar nichts!

Du schmunzelst vielleicht bei dieser Aussage und denkst dabei an die Großmutter! Das *Haushaltsbuch* hatte zu jeder Zeit System und ist eine der ersten Empfehlungen von Schuldnerberatungen an den Schuldner.

Am besten bist du dein eigener Buchhalter und legst deine Einnahmen wie Ausgaben genau fest. Du verschaffst dir einen **Überblick** über deine monatlichen Finanzen und lernst Ausgaben zu planen, also auch die Schuldenabzahlungen, ohne die Lebenshaltungskosten zu gefährden.

Als Haushaltsbuch eignet sich eine Excel-Tabelle, auch das Internet bietet eine Menge kostenloser Vorlagen im Word-Format an. Oder du kaufst dir wie die Großmutter früher ein einfaches Schreibheft und trägst dort jeden einzelnen Posten ein.

Das muss bezahlt werden

41

Es gibt bestimmte Dinge im Leben, die einfach bezahlt werden müssen. Dazu gehören *Miete*, *Strom*, *Heizkosten* und die *Lebenshaltungskosten*. Unter Lebenshaltungskosten werden Lebensmittel, Hygieneartikel, Telefon usw. verstanden. Die monatlichen Ausgaben müssen von Anfang an eingeplant sein, unabhängig davon, was man an Schulden hat.

Kommt man hier in Verzug, können die Folgen fatal sein. **Die** Zwangsräumung, das Sperren der Strom- oder Gasversorgung sind nur einige gravierende Möglichkeiten, die entstehen könnten. Falls dir etwas an diesen Kosten zu hoch erscheint, dann versuchst du am besten über einen Vergleich im Internet einen besseren Anbieter zu finden.

Bei den Lebensmitteln kann es mitunter richtig sein, zu einem **Discounter** (Aldi, Lidl ...) zu wechseln. Die Waren dort sind abwechslungsreich und günstig. Die Preisunterschiede zu Feinkostgeschäften sind sehr groß und mittlerweile etablieren sich die Produkte aus dem Discounter in den oberen Bewertungen beim Warentest und den Tests der Verbraucherzentralen. Natürlich muss das nicht immer sein!

Erst nachdem diese lebenswichtigen Posten eingeplant sind, kann der eigentliche Schuldenplan aufgestellt werden.

Einsparmöglichkeiten

42

Durch das Aufstellen eines Haushaltsplans und das Führen des Haushaltsbuches zeigen sich mit der Zeit weitere Einsparmöglichkeiten auf. So kann sich ein **Wechsel zu einem anderen Stromanbieter** durchaus lohnen. Einsparungen bis zu

Die Schuldenfalle
Die eigenen Finanzen erfolgreich verwalten - Bestell-Nr. 11 155
KOHL VERLAG Der Verlag mit dem Baum
www.kohlverlag.de

20 Zum guten Schluss ...

400 Euro im Jahr sind hier keine Seltenheit!

Oder du überlegst, ob der **Kabelanschluss** für das Fernsehen wirklich sinnvoll ist. Du bezahlst durchschnittlich im Jahr 240 Euro für den billigsten Anschluss. Eine Satellitenanlage kostet einmalig 120 Euro. Das ergibt im ersten Jahr einen Überschuss von 120 Euro und dann in den folgenden Jahren jeweils 240 Euro. Zudem kannst du eine Vielzahl von Programmen über Satellit empfangen.

Produktvergleiche im Internet können bei größeren Anschaffungen bis zu 35 Prozent des Preises sparen helfen. Das gleiche gilt für Reisen und Kleidung. Ein Versicherungsvergleich kann sogar etwa 45 Prozent Ersparnis mit sich bringen.

Es ist auch sinnvoll, sich eine Gefriertruhe anzuschaffen, denn oft werden Lebensmittel für kurze Zeit recht günstig angeboten. *Ein kleiner Vorrat, wenn man seinen eigenen Haushalt führt, hilft enorm zu sparen*, besonders bei Fleisch, Brot oder Wurstwaren. Das sind nur einige Beispiele für Einsparpotenziale.

Ein Vergleich von Produkten und Dienstleistungen hilft, Schulden zu vermeiden

43

Vergleiche für alle möglichen Produkte gibt es viele im Internet. Und der Preisvergleich lohnt sich tatsächlich. So sind bei den **Versicherungen** 45 Prozent Ersparnis drin. **Großgeräte** wie Waschmaschinen oder Kühlschränke erreichen beim Preisvergleich bis zu 31 Prozent Ersparnis! Oder soll es ein technisches Gerät wie eine Kamera sein? Hier sind Sparmöglichkeiten bis zu 55 Prozent möglich.

Du kannst im Internet so ziemlich alles miteinander vergleichen. Dazu erhälst du auch noch Bewertungen und Einschätzungen von anderen Nutzern.

Oft gibt es bei **Lagerräumungen stark verbilligte Waren**, dabei kannst du durchaus bis zu 60 Prozent einsparen. Vielleicht ist es auch besser und vor allem auch preiswerter, das **Vorgängermodell** zu kaufen. Damit kannst du auch bis zu 75 Prozent einsparen. Noch ein Tipp: **Fabrikverkäufe** und sogenannte **Outlets** sind sehr günstig und erfreuen sich zunehmender Beliebtheit.

44

Also: Bist du erstmal in die Schuldenfalle getappt, so ist der Weg heraus sehr mühsam. Trotz des mühsamen Weges solltest du den Mut und die Hoffnung nicht verlieren, denn hast du die Schulden erst abbezahlt, wird das Leben angenehmer!

Dann weißt du, was du vermeiden musst, damit keine neuen Schulden entstehen. Du kannst dein Leben dann so planen, dass du nie wieder ins finanzielle Abseits gelangst.

Die Schuldenfalle
Die eigenen Finanzen erfolgreich verwalten - Bestell-Nr. 11 155
KOHL VERLAG
www.kohlverlag.de

21 Die Lösungen

1

Aufgabe 1: Individuelle Lösungen.

Aufgabe 2: Individuelle Lösungen.

Aufgabe 3: Individuelle Lösungen.

2

Aufgabe 1: <u>Junge Familien</u>: Familienzuwachs, schlechte Haushaltsführung, Kindergeld/Elterngeld fällt weg, Hartz IV, Beziehungsprobleme, Bauschulden
<u>Jugendliche</u>: Handyvertrag, Ratenverträge, Angebote beim Online-Shopping, Spielschulden

3

Aufgabe 1: **1.** Körperliche Grundbedürfnisse; **2.** Sicherheit; **3.** Soziale Beziehungen; **4.** Soziale Anerkennung; **5.** Selbstverwirklichung

Aufgabe 2:
- Selbstverwirklichung, z.B. Talententfaltung, Individualität, Kunst
- Soziale Anerkennung, z.B. Karriere, Macht, Auszeichnung
- Soziale Beziehungen, z.B. Freundschaft, Liebe, Fürsorge
- Sicherheit, z.B. Versicherungen, Gesetze, Ordnung
- Körperliche Grundbedürfnisse, z.B. Essen, Wärme, Schlaf

W	R	S	C	H	L	A	F
J	L	I	E	B	E	I	M
J	A	A	B	I	K	N	A
K	U	N	U	G	G	D	C
P	S	C	N	E	H	I	H
S	Z	T	O	S	O	V	T
F	E	I	D	E	E	I	V
Ü	I	K	P	T	D	D	W
R	C	K	L	Z	T	U	O
S	H	U	A	E	B	A	R
O	N	N	S	G	R	L	D
R	U	S	R	V	I	I	N
G	N	T	E	I	P	T	U
E	G	G	V	K	S	Ä	N
H	W	Ä	R	M	E	T	G

4

Aufgabe 1: **a)** und **b)** Individuelle Lösungen.

5

Aufgabe 1: Individuelle Lösungen.

Aufgabe 2: Individuelle Lösungen.

Aufgabe 3: Individuelle Lösungen.

Aufgabe 4: Individuelle Lösungen.

Aufgabe 5: Individuelle Lösungen.

Aufgabe 6: Individuelle Lösungen.

6

Aufgabe 1: Individuelle Lösungen.

Aufgabe 2: Individuelle Lösungen.

Aufgabe 3: Individuelle Lösungen.

Aufgabe 4: Individuelle Lösungen.

Aufgabe 5: Individuelle Lösungen.

7

Aufgabe 1: **a)** Individuelle Lösungen.

Aufgabe 2: **a)** ca. 58,8 %

b) Bei 1.880 € Nettogehalt kostet Christian Stricker seinen Arbeitgeber knapp 4.000 € (siehe Auflistung unten):

8

Aufgabe 1:

Kontoauszug		
Annahmen	**1. Kredit**	**2. Kredit**
Kreditbetrag	10.000,00 Euro	25.000,00 Euro
Monatszinssatz	0,48 %	0,45 %
Bearbeitungsprov.	2 %	2 %
Laufzeit	36 Monate	48 Monate
Ergebnisse	**1. Kredit**	**2. Kredit**
Nettokreditbetrag	10.000,00 Euro	25.000,00 Euro
+ Zinsen	1.728,00 Euro	5.400,00 Euro
+ Bearbeitungsprov.	200,00 Euro	500,00 Euro
Gesamtbetrag	11.928,00 Euro	30.900,00 Euro
Monatsrate	331,33 Euro	643,75 Euro

Monatliches Bruttogehalt: 3.200 €

<u>zuzüglich Arbeitgeberanteil</u>:

Rentenversicherung	328,00 €
Arbeitslosenversicherung	57,00 €
Krankenversicherung	250,00 €
Pflegeversicherung	36,00 €
Umlage U1	35,50 €
Umlage U2	3,20 €
Insolvenzumlage	1,30 €
BG-Beitrag	25,50 €
<u>zusätzl. Arbeitgeberanteil</u>:	**736,50 €**

= 3.936,50 €

Die Schuldenfalle
Die eigenen Finanzen erfolgreich verwalten - Bestell-Nr. 11 155
KOHL VERLAG Der Verlag mit dem Baum
www.kohlverlag.de

21 Die Lösungen

8

Aufgabe 2: **a)** Kosten 1658,- Euro, frei verfügbar 542,- Euro
b) 4 Jahre: 254,50 Euro p.M.; 5 Jahre: 212 Euro p.M

Aufgabe 3: **a)** Durch den Ratenkauf wird eine viel zu leichte Kaufmöglichkeit für hochpreisige Produkte ermöglicht.
b) Ratenkäufe verlocken zu weiteren Ratenkäufen, obwohl der erste noch gar nicht abgezahlt ist.

Aufgabe 4: Lösungsvorschlag: *Ware wird bezahlt ➔ alles erledigt*
1. Ratenkauf wird nicht abbezahlt ➔ höhere Kreditzinsen ➔ Schuldenfalle
2. Ratenkauf ➔ Schuldenfalle

Aufgabe 5:

Kontoauszug					
Tag (Wert)	**Text**	**Soll Haben**	**Betrag Euro**	**Tage**	**Sollzinsen Euro**
31.10.	Saldo	H	700	8	-
08.11.	Lastschrift	S	1.500		
	Saldo	S	800	5	1,67
13.11.	bar	S	2.200		
	Saldo	S	3.000	2	2,50
15.11.	Gehalt	H	2.500		
	Saldo	S	500	7	1,46
22.11.	Überweisung	S	750		
bis 30.11.	Saldo	S	1.250	8	4,17
				30	**9,80**

9

Aufgabe 1: Individuelle Lösungen.

Aufgabe 2: Individuelle Lösungen.

10

Aufgabe 1: **a)** Vorteile: weitere Sparzinsen
Nachteile: längere Wartezeit, mögliche Reparaturkosten
b) Vorteile: neues Kleinkraftrad sofort verfügbar, keine Reparaturkosten für altes Fahrrad
Nachteile: Kreditkosten, keine Sparzinsen

11

Aufgabe 1: Individuelle Lösungen.

Aufgabe 2: Individuelle Lösungen.

Aufgabe 3: **a)** **1.** falsch; **2.** richtig; **3.** richtig; **4.** falsch; **5.** richtig; **6.** falsch; **7.** falsch
b) **1.** Er darf ein Spar- und Girokonto haben. **4.** Er braucht unter 18 Jahren die Zustimmung der Eltern. **6.** Ohne Girokonto ist bargeldloser Zahlungsverkehr nicht möglich. **7.** Er kann sein Girokonto nicht überziehen.

12

Aufgabe 1: Individuelle Lösungen.

Aufgabe 2: Individuelle Lösungen.

Aufgabe 3: Individuelle Lösungen.

13

Aufgabe 1: **a)** und **b)** siehe Tabelle:

Aufgabe 2: Individuelle Lösungen.

Aufgabe 3: Individuelle Lösungen.

Aufgabe 4: Individuelle Lösungen.

Aufgabe 5: Individuelle Lösungen.

Einmalige Kosten im Zusammenhang mit dem Kauf	Finanzierungs-kosten	Laufende/wieder-kehrende Kosten	Weitere Zuzsatz-kosten
Überführungs-kosten	Bankgebühren	Öl(-wechsel)	Knöllchen wg. zu schnellem Fahren
Nummernschilder		Steuern	
Kaufpreis		Inspektionen	
Zulassungsgebühr		Versicherung	
		Sommer-/Winter-reifen	
		TÜV/DEKRA	
		Abgassonderunter-suchung (ASU)	
		Wagenpflege	
		Verkehrsclub (z.B. ADAC)	
		Feinstaubplaketten	
		Tanken	

14

Aufgabe 1: Individuelle Lösungen.

Aufgabe 2: Individuelle Lösungen.

Die Schuldenfalle
Die eigenen Finanzen erfolgreich verwalten - Bestell-Nr. 11 155
KOHL VERLAG Der Verlag mit dem Baum
www.kohlverlag.de

21 Die Lösungen

15

Aufgabe 1: Das Werbeplakat zeigt lachende, begeisterte Gesichter, die Unbeschwertheit und Zufriedenheit ausdrücken sollen. Es soll der Eindruck entstehen, dass Menschen, die bei EVIVO-Versicherungen versichert sind, glücklich sind und keine Sorgen haben.

Aufgabe 2:

a) Privat-, Berufs- und Verkehrs-Rechtsschutz, Hausratversicherung, Haushaltsglasversicherung, Wohngebäudeversicherung, Bauzeitversicherung, Reisegepäckversicherung, Privat-Haftpflichtversicherung, Tierhalter-Haftpflichtversicherung, Kraftfahrzeug-Haftpflichtversicherung, Kraftfahrzeug-Haftpflichtversicherung mit Schutzbrief, Fahrzeugteilversicherung, Fahrzeugvollversicherung, Kraftfahrtunfallversicherung (Insassenunfall-), Unfallversicherung, Vollzeit-Unfallversicherung, Freizeit-Unfallversicherung, Unfallversicherung mit garantierter Beitragsrückzahlung, Private Rentenversicherung, Kapital-Lebensversicherung, Risiko-Lebensversicherung, Berufsunfähigkeitsversicherung, Erwerbsunfähigkeitsversicherung, Kranken-Vollversicherung

b) <u>Mögliche Lösungen</u>: Privat-, Berufs- und Verkehrs-Rechtsschutz, Hausratversicherung, Privat-Haftpflichtversicherung, Kraftfahrzeug-Haftpflichtversicherung, Vollzeit-Unfallversicherung, Erwerbsunfähigkeitsversicherung, Kranken-Vollversicherung

Aufgabe 3: Individuelle Lösungen.

Aufgabe 4:

a) Eine Unfallversicherung tritt ein, wenn man sich in der Freizeit verletzt.
b) Eine Haftpflichtversicherung ist zuständig bei Schäden, die du bei anderen verursachst.
c) Eine Berufsunfähigkeitsversicherung versichert dich bei einer schlimmen Krankheit oder einem Unfall, wobei du berufsunfähig wirst.
d) Eine Krankenversicherung ist eine Pflichtversicherung und versichert dich im Krankheitsfall.
e) Bei einem Bausparvertrag erhalte ich finanzielle Zuwendungen durch den Arbeitgeber.

Aufgabe 5: Individuelle Lösungen.

Aufgabe 6: <u>Überlegungen</u>: Brauche ich diese Versicherung unbedingt? Kann ich sie langfristig bezahlen?

16

Aufgabe 1: <u>Lösungsvorschläge</u>:

Vorteile	Nachteile
- nicht für Folgekosten verantwortlich - keine eigene Gebäudeversicherung - Müllkosten werden geteilt	- keine eigene Gestaltungsmöglichkeit - nicht einfache Veränderung der Ausstattung

Aufgabe 2: Individ. Lösungen.

Aufgabe 3: Individ. Lösungen.

Aufgabe 4: Individ. Lösungen.

17

Aufgabe 1: Individuelle Lösungen.

Aufgabe 2:

a) Individuelle Antwort.

b)

Fragen	Erläuterungen/Stichwörter
Was ist der Unterschied zwischen einem Prepaid- und einem Laufzeitvertrag?	vorausbezahlter Betrag wird verbraucht; Vertrag: monatliche Abbuchungen nach Bedingungen und Laufzeit
Wie werden die Gebühren abgerechnet? (pro Sek./Min.?)	Individuelle Angaben.
Was sind APPS? Gibt es noch etwas anderes?	Anwendungen für Smartphones und Tablet-Computer
Welche Netze gibt es und was sind die Unterschiede?	T-Mobile, Vodafone, E-Plus und o2; T-Mobile und Vodafone sind D-Netze und senden über 900 MHz, E-Plus und o2 sind E-Netze und senden von 1710 bis 1880 MHz
Wann muss ich mein Handy mit neuem Guthaben aufladen?	Wenn es verbraucht ist.
Brauche ich die Roaming-Einstellungen und was muss ich dabei beachten?	Roaming-Fähigkeiten haben dann für einen Teilnehmer Bedeutung, wenn er sich außerhalb des Funkbereichs bewegt, welcher durch sein Heimnetzwerk abgedeckt wird.
Was kann eine Mailbox?	Die Sprachnachrichten werden nicht über das Gerät selbst abgehört, sondern mit dem Telefon kann die Mailbox über eine Zugangsnummer angerufen werden. Die Mobilboxfunktion wird von vielen Mobilfunkanbietern massiv beworben, da durch deren Nutzung zusätzliche Gebühren anfallen.
Wo bekomme ich für das wenigste Geld die meisten/neuesten Klingeltöne.	Individuelle Lösungen.
Kann ich mit einer Prepaidkarte Schulden machen?	Nein.
Was muss ich beim Download per Handy beachten?	Ich muss auf die Kosten achten.

17 **Aufgabe 3:** <u>Mögliche Lösung</u>:

1. Ich bin an Prepaid-Angeboten interessiert.
2. Ich möchte keinen Vertrag mit einer langen Laufzeit, ich möchte ein Prepaid-Angebot.
3. Nein, ein Vertrag ist mir zu teuer und ich möchte keine Schulden machen.
4. Auch eine Prepaid-Karte macht mich unabhängig, wenn ich rechtzeitig lade.

Aufgabe 4: Individuelle Lösungen.

Aufgabe 5:
A) 0,88 € pro Klingelton; 2,64 € pro Monat
B) 2,99 € pro SMS
C) 3,99 € pro SMS

Aufgabe 6:
a) <u>Klingelton</u>: 1,99 € / SMS + 1,49 € Download = 3,48 €
2 Spiele: 4x SMS 7,96 € + 2x Download 2,98 € = 10,94 €
4 Logos der Woche: 4x SMS 7,96 € + 4x Download 5,96 € = 13,92 €
Zahlbar am Monatsende: 28,34 €
18 **b)** Individuelle Lösungen.

Aufgabe 1: Individuelle Lösungen.

Aufgabe 2: Die Tabelle suchtkranker Menschen wird jedes Jahr aktualisiert, sodass hier keine allgemeingültigen Angaben geliefert werden können. Die Gesellschaft für Suchtpsychologie gibt Informationen heraus unter *www.suchtpsychologie.de*

Aufgabe 3: <u>Beispiele</u>: Verschuldung, Abhängigkeit, sozialer Abstieg, Beschaffungskriminalität, gesundheitlicher Ruin ...

19 **Aufgabe 4:** Individuelle Lösungen.

Aufgabe 1: Individuelle Lösungen.

<u>Bildquellen</u>:

Seite 5:	© lassedesignen - fotolia.com
Seite 6:	© Picture-Factory - fotolia.com
Seite 8:	© h_lunke - fotolia.com
Seite 9:	© Wilm Ihlenfeld - fotolia.com
Seite 12:	© contrastwerkstatt - fotolia.com
Seite 13:	© Robert Kneschke - fotolia.com
Seite 14:	© Tatjana Balzer - fotolia.com
Seite 15:	© Tomo Jesenicnik - fotolia.com
Seite 16:	© Helix2012 - fotolia.com
Seite 18:	© Kaarsten - fotolia.com
Seite 20 & 35:	© typomaniac - fotolia.com
Seite 25:	© apops - fotolia.com
Seite 27:	© Alterfalter - fotolia.com
Seite 30:	© clipart.com
Seite 31:	© Gina Sanders - fotolia.com
Seite 33:	© Marius Graf - fotolia.com
Seite 35:	© Eisenhans - fotolia.com
Seite 37:	© Michael Shake - fotolia.com
Seite 38:	© Daniel Ernst - fotolia.com
Seite 40:	© N-Media-Images & Kurhan - fotolia.com
Seite 42:	© DOC RABE Media - fotolia.com
Seite 44:	© MH - fotolia.com
Seite 45:	© Eisenhans - fotolia.com
Seite 47:	© klickerminth - fotolia.com
Seite 53:	© leremy - fotolia.com & clipart.com
Seite 55 (unten):	© Picture-Factory - fotolia.com
Seite 57:	© fotomek - fotolia.com
Seite 59:	© Jeanette Dietl & Butch - fotolia.com
Seite 60:	© N-Media-Images - fotolia.com

KOHL VERLAG Der Verlag mit dem Baum
www.kohlverlag.de
Die Schuldenfalle
Die eigenen Finanzen erfolgreich verwalten - Bestell-Nr. 11 155